Silke Schröckert

GROßELTERN sind einfach GROßARTIG

IMPRESSUM

1. Auflage, 2024
© JUNIOR MEDIEN GMBH & CO. KG
Willy-Brandt-Straße 51, 20457 Hamburg
Tel. 040/357 29 19-0 , Fax 040/357 29 19-29
info@junior-medien.de

IDEE, KONZEPT & TEXT: Silke Schröckert
PROJEKTKOORDINATION & LEKTORAT: Nina Schnackenbeck
ART-DIREKTION: Anja Jung
MIT GEDANKEN UND TEXTEN VON: Benjamin Bhatti, Andrea Wurz, Daniel Wöbke, Jürgen Busch, Claudia Hillmann, Frauke Poolman, Eva Gardé, Sue Legahn, Heiner Bäck, Corinna Bäck, Dr. Rüdiger Maas

KORREKTORAT: Lektornet (lektornet.de) / Gabriele Binder

FOTOS DER GASTAUTORINNEN UND -AUTOREN: bhatti.pro, privat, Lea Franke, Maas Beratungsgesellschaft mbH, Studioline

ILLUSTRATIONEN: ArdeaA, Angelina Bambina, Mary Long, UnitoneVector, zuperia, cottidie, id-work, sabelskaya, Malte Müller, MariamArsaliaa, SiberianArt, cottidie, MariamArsaliaa, ONYXprj, Tetiana Lazunova, mubai, Andrii Sheshel invincible_bulldog, Alfadanz, gmast3r, lioputra, TopVectors, Sofia Vlasiuk, pijama61, Anastasiya Kandalintseva, Cristian Lungu, myillo, Golden Sikorka, pijama61, blueringmedia, Si-Gal, Anna Bergbauer, Anastasia Molotkova, Kateryna Firsova, zuperia, Creative#, bsd studio, lemono, Tungalag Balzhirova, CrazyStripes, bsd studio, SpicyTruffel, Elena Kutuzova, sabelskaya, Abscent84, ma_rish, aleksey-martynyuk, Aleutie, Mary Long, Annika McFarlane, Nataliia Zhydchenko, merovingian, Seja-aka-Lita, Magnilion, Allika, Nadezhda Kurbatova, Rudzhan Nagiev, girafchik123, calvindexter

Druck und Bindung: Printed in Bosnia and Herzegovina by GPS Group

Alle Rechte vorbehalten. All rights reserved.
Das Werk darf – auch teilweise – nur mit Genehmigung des Verlages wiedergegeben werden.

ISBN: 978-3-910509-12-2

leben-und-erziehen.de

Eine Liebeserklärung an alle Omas und Opas

Inhalt

8_Eine kleine Einleitung

Kapitel 1
Großeltern sind unverzichtbar

20_„Unsere Familie würde nicht funktionieren ohne Großeltern"

24_Wie Großeltern die Wirtschaft aufrechterhalten

36_Geld spielt (k)eine Rolle

Kapitel 2
Großeltern sind wichtig für Enkelkinder

42_„Ich frag lieber Oma!"

48_Wie Großeltern die Entwicklung ihrer Enkelkinder fördern

54_Wie man eine gute Bindung aufbaut

Kapitel 3
Großeltern können (fast) alles

60_„Das soll Opa sich mal angucken"

66_Wie Großeltern ihren Enkelkindern vergessene Dinge beibringen können

76_Was Enkelkinder von Großeltern lernen können

Kapitel 4
Großeltern können Geschichten erzählen

86_„Oma liest nicht nur *ein* Kapitel!"

92_Wie Großeltern ihren Enkelkindern neue Welten eröffnen

98_„Die ganze Welt ist voller Märchen"

Kapitel 5
Großeltern sind verschieden

106_„Oma zockt, voll cool!"

116_Wie Großeltern einander ergänzen können (ganz ohne Eifersucht)

122_Vom großen Glück, dass Großeltern nie gleich sind

Kapitel 6
Großeltern bleiben ruhig

132_„Sie schläft nicht ohne ihr Tragetuch!"

140_Wie Großeltern (und ihre Enkelkinder) von der Lebenserfahrung profitieren

146_„Älter werden heißt auch ruhiger werden"

Kapitel 7
Großeltern lieben bedingungslos

154_„Das Wunder hat sich wiederholt"

162_Wie Großeltern die bedingungslose Liebe noch einmal erleben

166_„Das größte Geschenk!"

175_ Mein(e) Enkelkind(er) *(zum Selbst-Eintragen)*

182_Nachwort

186_Danke

188_Quellennachweise

Eine kleine Einleitung

„Warum schreibst du einen Ratgeber für Großeltern? Du bist doch noch gar keine Oma!" Im Entstehungsprozess des Buches, das Sie gerade in den Händen halten, habe ich diese Frage sehr häufig beantwortet. Nicht nur den Verantwortlichen des Verlages, der es herausgebracht hat — sondern auch Freundinnen, Kollegen und sogar wildfremden Menschen im Internet, die auf meine Social-Media-Postings reagiert haben. Und ich verstehe die Verwirrung. Man schenkt einem Elternratgeber ja auch mehr Vertrauen, wenn er von einem Elternteil verfasst wurde und nicht von einer Person, die nur in der Theorie erahnen kann, wie es sich wohl anfühlt, einen kindlichen Wutanfall auszuhalten oder siebenmal am Tag Windeln zu wechseln. Auch bei einem Ratgeber für Gartenpflege würde man wohl erwarten, dass eine passionierte Gärtnerin die Autorin ist. Und selbst ein Werk über die schönsten Dampflokomotiven aus aller Welt ist deutlich glaubwürdiger, wenn es von einem echten Lokführer verfasst wurde.

Dieses Buch ist anders. Eben weil es nicht aus der Sicht derjenigen Personen geschrieben ist, um die es auf jeder Seite geht — den Großeltern —, sondern aus Sicht einer Mutter: aus meiner Sicht. In der wundervollen Beziehung zwischen Großeltern und Enkelkindern nehme ich eine ganz besonders dankbare Position zwischen den beiden Generationen ein. Ich bleibe mal bei dem eben genannten Vergleich mit dem Ratgeber für Gartenpflege. In dieser Allegorie ist meine Mutter, also die Oma, die Gärtnerin. Und meine Kinder, ihre Enkelkinder, sind die Blumen. Und ich? Ich bin Beobachterin und beschreibe meinen Blick in den wunderschönen Garten. Ich schaue den Blumen beim Wachsen und Gedeihen zu und erfreue mich an jedem noch so kleinen Entwicklungsschritt. Und ich sehe gleichzeitig das Glück im Gesicht der Gärtnerin, die sich über das Erblühen mindestens so sehr freut wie ich.

Natürlich bin ich in der Regel selbst für den Garten und das Wässern der wunderschönen Blumen verantwortlich, schließlich ist es *mein* Garten. Aber es ist mir ein Bedürfnis, einmal festzuhalten, wie sehr ich es genießen kann und wie dankbar ich dafür bin, wenn sich jemand mit mehr Erfahrung und genauso viel Liebe und Herzblut um meine Blumen kümmert. Denn dadurch kann ich andere Dinge erledigen. Oder einfach in Ruhe einen Kaffee trinken. Während ich immer mal wieder in den Garten blicke und mich an den bunten Farben der Blumen erfreue.

Ich weiß, ich weiß, das Bild mit dem Garten und den Blumen ist noch nicht ganz rund. Der Opa fehlt in diesem Bild und auch der Papa, meine Schwiegermutter und sowieso die Tatsache, dass die Betreuung von Enkelkindern nicht immer

Einleitung

ein einziges fröhliches Blumengießen ist, sondern auch tatsächliche Care-Arbeit darstellt. Um all das wird es auf den kommenden Seiten gehen. Hier aber möchte ich mithilfe des stark vereinfachten Garten-Vergleiches die Antwort auf die Frage geben, warum ich einen Ratgeber für Großeltern schreibe. Die einfache Erklärung lautet: Ich schreibe dieses Buch, *weil* ich noch keine Oma bin. Weil ich als Mutter von zwei Kindern immer wieder beobachten kann, wie unglaublich wertvoll es ist, wenn Enkelkinder liebende Großeltern haben. Weil ich laut sagen kann: „Großeltern sind einfach großartig", und es sogar auf ein Buchcover drucken lassen kann, ohne dass es wie Eigenlob aussieht. Was ist eine Lobeshymne wert, die man auf sich selbst hält? Dieses Buch ist, wie der Untertitel schon sagt, eine Liebeserklärung an alle Omas und Opas. Ein großes Dankeschön dafür, dass sie das Leben von so vielen Familien bereichern, dass sie heutzutage so fit und engagiert sind wie noch keine Großeltern-Generation vor ihnen und dass sie dadurch eine immer wichtiger werdende Rolle im Leben ihrer Enkelkinder spielen.
Meine Eltern haben diese Rolle von der ersten Sekunde an mit viel Hingabe angenommen. Schon als ich ihnen von meinem positiven Schwangerschaftstest erzählte, wechselte vor allem meine Mutter in den „Oma-Modus". Sie streichelte meinen (wohlgemerkt noch vollkommen flachen) Bauch, fragte mich unendlich viele Fragen, deren Antworten ich

selbst noch nicht kannte, und begann eine angeregte Diskussion mit sich selbst darüber, ob ihr erstes Enkelkind sie später „Omi Inna" oder lieber „Oma Inna" nennen sollte, denn „Omi" sei zwar schöner, aber die beiden aufeinanderfolgenden I sicher schwer auszusprechen. Nur wenige Tage später rief sie mich entrüstet an: Sie habe nun sämtliche Kioske und Supermärkte in der Umgebung abgesucht, nirgends gebe es eine Zeitschrift, die sich an Großeltern richtet! (Das schöne Magazin *Meine Enkel & ich*, das mittlerweile erhältlich ist, gab es leider noch nicht, als ich das erste Mal schwanger war.) Wie, bitte schön, solle sie sich denn nun bestmöglich auf ihre neue Rolle vorbereiten, fragte meine Mutter. Es habe sich ja sicher einiges geändert in Sachen Babypflege und Erziehung, und auf keinen Fall wolle sie eine rückständige Oma werden, die überholte Weisheiten von vor 30 Jahren rezitiert. Schade sei das, wirklich, wirklich schade, dass sich kein Verlag dieser Themen annehmen würde und dass man da doch wirklich mal etwas machen müsse, das könne doch nicht sein, dass eine so große Zielgruppe auf dem Zeitschriftenmarkt derart vernachlässigt würde!

Ich gebe es zu, ihre Empörung erfreute mich. Und das aus zwei Gründen: Zum einen war ich gerührt von der Tatsache, dass sie sich als Oma auf den neuesten Stand bringen wollte. Denn natürlich hatte sie recht: Es *hat* sich im Bereich der Kindererziehung und -pflege — wie in vermutlich jedem

Lebensbereich — einiges geändert in den vergangenen Jahrzehnten. Neue wissenschaftliche Erkenntnisse und verschiedene Erziehungsansätze sind hinzukommen, und so gilt einiges, was früher gang und gäbe war, heute als überholt. In manchen Familien prallen dann Meinungen aufeinander, obwohl sich im Grunde doch alle, Eltern und Großeltern, einig sind: Sie wollen das Beste fürs Kind. Ein Beispiel: Die heutigen Omas haben früher gelernt, dass die Seitenlage die beste fürs Baby sei. Die heutigen Mütter sollen entsprechend neueren wissenschaftlichen Erkenntnissen jedoch die Rückenlage bevorzugen. Dahinter steht der Wunsch aller, die *sicherste* Liegeposition fürs Baby zu kennen. Und ich gebe meiner Mutter absolut recht: Ein regelmäßig erscheinendes Magazin, das (werdende) Großeltern in dieser Hinsicht auf dem neuesten Stand hält, kann vielen Familien nervenzehrende Diskussionen im Wochenbett ersparen. Und das bringt mich zu dem zweiten Punkt, über den ich mich bei dem empörten Anruf meiner Mutter freute: Die Aussage, dass „man" da doch dringend etwas machen müsse. Denn ich wusste genau, wen sie mit „man" meinte: mich!
Als ich mit ihrem ersten Enkelkind schwanger war, hatte ich bereits mehrere Zeitschriften-Konzepte entwickelt und als Chefredakteurin betreut. Gut, die richteten sich ausschließlich an Kinder und Jugendliche und nicht an eine erwachsene Zielgruppe. Aber umso mehr reizte mich der Gedanke,

Einleitung

die Lücke auf dem Magazinmarkt zu füllen, die meine Mutter so in Aufruhr brachte. Wenn auch vielleicht nicht in gedruckter Form (denn ein solches Projekt bedarf eines gewissen Eigenkapitals und birgt damit auch ein finanzielles Risiko, das ich als selbstständig arbeitende frischgebackene Mutter ungern eingehen wollte), dann zumindest in einer Online-Variante, die alle interessierten Omis und Opis kostenfrei lesen könnten. Am Osterwochenende 2018 war es dann so weit: Mein Großelternportal *Enkelkind.de* ging online. Ich rechnete mit einer Handvoll Leserinnen und Lesern — und verzeichnete stattdessen bereits im ersten Monat vierstellige Aufrufzahlen für die Website. Mittlerweile erzielt die Seite bis zu 40 000 Zugriffe monatlich und ist damit nur ein weiterer Beleg dafür, wie sehr die heutigen Omas und Opas daran interessiert sind, eine gute Beziehung zu ihren Enkelkindern aktiv mitzugestalten.

In dieses Buch fließen daher neben meiner persönlichen Erfahrung als (na klar!) Enkelkind und mittlerweile zweifache Mutter auch alle Erkenntnisse ein, die ich in den bislang sechs Jahren als Gründerin von und Autorin für das Großelternportal *Enkelkind.de* sammeln durfte. (Zum Beispiel die, dass die Oma- und Opaliebe für Großeltern genauso unmöglich in Worte zu fassen ist wie die Vater- oder Mutterliebe für uns Eltern — mehr dazu im Kapitel *Großeltern lieben bedingungslos*.) Und ich habe mir Unterstützung geholt für die

Einleitung

Texte auf den folgenden Seiten. Expertinnen und Experten aus der Pädagogik, der Generationenforschung, der Familienberatung und aus vielen weiteren Bereichen haben mit mir über zahlreiche Fragen gesprochen, die vielleicht auch Sie sich schon einmal gestellt haben. Und natürlich kommen auch immer wieder die wahren Spezialisten und Spezialistinnen in Sachen Großelternschaft zu Wort: echte Omas und Opas, die das Leben mit ihren Enkelkindern in vollen Zügen genießen.

Ich wünsche Ihnen mit diesem Buch eine wunderbare Zeit und hoffe, es zaubert Ihnen immer wieder ein kleines (oder auch mal großes) Lächeln ins Gesicht. Und falls es Ihnen beim Lesen so viel Freude bereitet wie mir beim Schreiben, dann lassen Sie es mich sehr gern wissen! Ich freue mich über Ihre Nachricht auf *facebook.com/Enkelkind.de* oder per E-Mail an silke@enkelkind.de.

Nun aber erst einmal: Viel Vergnügen mit *Großeltern sind einfach großartig!*

Kapitel 1
Großeltern sind unverzichtbar

„Unsere Familie würde nicht funktionieren ohne Großeltern"

„Mamaaa, wann fahr'n wir looos?" Mein zu diesem Zeitpunkt zweijähriger Sohn kann es kaum erwarten. Er will sich endlich auf den Weg zum Bus und somit zum Hamburger Dammtor-Bahnhof machen. Von da fährt die Regionalbahn Richtung Kiel, und am Kieler Hauptbahnhof, das weiß er, steht immer schon Opa mit dem Auto bereit, um ihn abzuholen. Dann sind es nur noch ein paar Minuten Fahrt, bis er von Oma bereits mit offener Haustür, frisch gebackenen Muffins und weit aufgerissenen Armen in Empfang genommen wird. Ich hingegen bleibe am Bahnhof und nehme den nächsten Zug zurück nach Hamburg: Die Wochenenden bei Oma und Opa sind elternfreie Zone. Seinen Koffer für den Ausflug — ein Hartschalen-Modell in *Grüffelo*-Optik, die beliebte Kinderbuch-Figur — hat mein Sohn zu meiner Überraschung auf die Schnelle selbst gepackt. Darin liegen: ein weißer Plüschhase, ein hellbrauner Plüschhase, ein Plüsch-SpongeBob, ein Plüsch-Droide aus der *Star Wars*-Welt und ein Plüsch-Mammut mit Kirschkern-Wärmekissen-Funktion. Zwischen den Stofffreunden lugen zwei in diesem Kontext nahezu lächerlich seriös wirkende Paar Socken heraus. Die hatte ich schon hineingelegt, bevor mein Sohn damit begann, den Koffer nach seinen eigenen Vorstellungen fertig zu packen. „Zumachen!", bittet er — und strahlt mich an. Der Koffer-Inhalt ist perfekt so, und wir sind abfahrbereit, findet er.

Unzählige Male bin ich mit meinem Sohn und später auch gemeinsam mit seiner kleinen Schwester aufgebrochen Richtung Kiel zu Oma und Opa, mit dem Bus und dem Zug oder, als wir ein eigenes Auto hatten, auch damit. Diese eine spezielle Aufbruchssituation im April 2016 aber hat sich von allen am stärksten bei mir eingeprägt, weil es ein Foto davon gibt. Unter Tränen lachend habe ich ein Bild des plüschtierbepackten *Grüffelo*-Koffers geknipst, den mein Sohn mir präsentierte mit dem beeindruckenden Selbstbewusstsein eines erfahrenen Experten, der sich des Ergebnisses seiner Arbeit uneingeschränkt sicher ist: Da, schau hin, so macht man das, braucht niemand mehr zu prüfen, das gehört so! Ich liebe dieses Foto. Es zeigt so viel mehr als einen Koffer voller Stofftiere. Es symbolisiert die Vorfreude, die in meinem Sohn tobte: die Vorfreude auf das Wiedersehen mit Oma und Opa. Und es zeigt den unbedingten inneren Drang, jetzt wirklich ganz, ganz schnell und bitte endlich aufzubrechen. Keine Zeit, die Zahnbürste aus dem Bad zu holen — zwei, drei Handgriffe ins gut gefüllte Kinderbett mussten reichen; die eher willkürlich gewählten Stofftiere, die er dabei erwischte, füllen den Koffer ohnehin viel schneller als einzelne Unterhosen oder Wechsel-T-Shirts. Zack, schon war der Koffer voll! Bloß keine wertvollen Minuten verlieren, die man auch bei Oma und Opa verbringen kann!

Und unsere Kinder verbringen viele Minuten, Stunden und Tage bei ihren Großeltern. Wie so oft im Leben wird einem das erst dann bewusst, wenn man auf die gewohnten Umstände verzichten muss. Während der Corona-Pandemie zum Beispiel. Oder als meine Mutter mit einer hartnäckigen Lungenentzündung zu kämpfen hatte und mehrere Monate lang zu krank war, um die Enkel-Bespaßung zu übernehmen. Nicht nur, dass sie die Kinder und die Kinder sie vermissten und sich alle Sorgen um ihren Gesundheitszustand machten — wir Eltern bekamen in dieser Zeit sehr konkret vor Augen geführt, wie selbstverständlich die Unterstützung durch Oma und Opa bislang für uns war und was für ein Geschenk für alle drei Generationen es ist, wenn Enkelkinder und Großeltern gern Zeit miteinander verbringen. So gern, dass ein Zweijähriger in Windeseile ganz allein seinen Koffer packt.

Auch während ich diese Zeilen schreibe, sind unsere beiden Kinder bei meinen Eltern. Dieses Buch könnte es gar nicht geben, wenn es in unserer Familie keine Betreuungsunterstützung durch die Großeltern gäbe. Ganz grundsätzlich

könnten mein Mann und ich ohne meine Eltern und seine Mutter vielen unserer beruflichen Tätigkeiten nicht in der Form nachgehen, in der wir es tun. Und auch zahlreiche Privatvergnügen und Zeit zu zweit würden wegfallen.
Kurz gesagt: Unser Alltag, so wie wir ihn Tag für Tag leben, würde nicht funktionieren ohne die Großeltern unserer Kinder. Und das ist nicht nur in unserer Familie so: Das gesamte Kinderbetreuungssystem in der Bundesrepublik Deutschland fußt auf der Annahme, dass Oma und Opa mithelfen (mehr dazu auf den nächsten Seiten). Bevor es in diesem Buch also darum geht, wie sehr Enkelkinder von ihren Großeltern profitieren (und umgekehrt), was die Oma- oder Opa-Enkelkinder-Zeit so besonders macht und warum es einfach wichtig ist, dass Omi und Opi manche Dinge komplett anders machen als Mama und Papa, beginne ich hier mit einer unanfechtbaren Erkenntnis:

Ohne Großeltern geht es nicht. ⚓

Wie Großeltern die Wirtschaft aufrechterhalten

Dieses Buch ist randvoll mit großen Emotionen. In den folgenden Kapiteln wird es um „Gefühlsduschen" gehen, die die Geburt eines Enkelkindes auslösen kann. Um den Unterschied zwischen Mutterliebe und Omaliebe (und die Frage, ob es da überhaupt einen Unterschied gibt). Um nichts Geringeres als die bedingungslose Liebe, die ein Kind nicht nur bei seinen Eltern, sondern auch bei seinen Großeltern entfachen kann. Und zwischen allen Zeilen (und auch am Ende dieses Kapitels) wird es um die Dankbarkeit gehen, die wir Eltern all den großartigen Omas und Opas gegenüber verspüren, die einen so wichtigen Teil im Leben ihrer Enkelkinder, unserer Kinder, einnehmen.
In diesem allerersten Kapitel aber starte ich ganz emotionslos mit Zahlen und präsentiere eher objektiv ein paar Daten und Fakten. Keine Sorge, das wird sehr viel spannender, als es gerade klingt. Und für viele, die das hier lesen, versteckt sich auf den folgenden Seiten vermutlich auch eine wertvolle Erkenntnis. Nämlich die, dass die Rolle, die Omas und Opas im Leben ihrer Enkelkinder einnehmen, viel mehr als

„nur" emotional wertvoll ist: Auch ganz rational betrachtet sind Großeltern für den Alltag junger Familien nicht nur enorm wichtig — sie sind tatsächlich unverzichtbar geworden. Denn Kinderbetreuung ist häufig eine Voraussetzung für bezahlte Erwerbsarbeit. Und die von Omas und Opas geleistete Enkelbetreuung ist deutschlandweit so umfangreich, dass man ohne Übertreibung feststellen kann: Großeltern erhalten große Teile unserer Ökonomie aufrecht! Das ist eine so beeindruckende Leistung, dass wir sie uns auf den nächsten Seiten einmal genauer anschauen werden.

Eine Babysitterin bekommt Geld, wenn sie auf Kinder aufpasst. In Hamburg, wo wir die ersten acht Jahre unserer Elternschaft gelebt haben, sind es in der Regel zwischen 10 und 15 Euro pro Stunde. Und das ist vollkommen okay: Das Letzte, was ich möchte, ist, mit der Person, die sich liebevoll um meine Kinder kümmern soll, um Eurobeträge zu feilschen. Aber mit der eigenen Haushaltskasse muss man eben doch feilschen, wenn ein kinderfreier Abend oder Nachmittag noch einmal 40 oder 60 Euro zusätzliche Babysitterkosten verursacht, neben Kinoeintritt oder Restaurantrechnung. Oma und Opa passen in der Regel unentgeltlich auf ihre Enkelkinder auf. Zum einen, weil sie die Eltern, ihre Kinder, unterstützen möchten. Zum anderen natürlich, weil sie einfach gern Zeit mit ihren Enkelkindern verbringen — und diese vermutlich auch gar nicht als „Arbeit", sondern als Vergnügen betrachten (was auch mal anstrengend sein kann, natürlich, aber eben in erster Linie eine Bereicherung ist). Doch bei allem Vergnügen ist und bleibt Kinderbetreuung eben Care-Arbeit, also Sorgearbeit, und ihr kommt eine wichtige gesellschaftliche Bedeutung zu: Weil (beide) Eltern nur dann arbeiten und Geld verdienen können, wenn die Kinder gut und zuverlässig betreut sind, beeinflusst die Kinderbetreuung die Existenzbedingungen von Familien. Je länger die Kinder betreut sind, etwa weil sie von Oma oder Opa aus der Kita abgeholt werden, desto länger können

Eltern arbeiten, haben dadurch beruflich mehr Optionen und können, ganz einfach heruntergebrochen, mehr Geld verdienen. Das ist natürlich erst einmal eine rein pauschale Betrachtungsweise, dennoch lässt sich an dieser Stelle sagen: Durch die Betreuung ihrer Enkelkinder leisten viele Großeltern einen Beitrag zur wirtschaftlichen Wertschöpfung. Wirklich spannend wird es, wenn wir uns anschauen, wie groß dieser Beitrag tatsächlich ist. In die Berechnung des Bruttoinlandsproduktes fließt unbezahlte Arbeit wie die Betreuung der eigenen Enkelkinder nicht mit ein. Aber es gibt natürlich Möglichkeiten, um den Wert solcher unentgeltlich erbrachten Leistungen zu errechnen. Dafür braucht man eine Einschätzung der Stunden, die insgesamt pro Jahr für die Enkelbetreuung aufgebracht werden, und setzt diese mithilfe des gesetzlichen Mindestlohns in Bezug zum Bruttoinlandsprodukt.

Okay, ich gebe zu: Das ließ sich recht einfach schreiben — aber ich stünde auf verlorenem Posten, wenn ich das Ganze für dieses Buch hätte selbst errechnen müssen. Das haben zum Glück bereits Menschen getan, die sehr viel mehr Ahnung von solchen Dingen haben.

Großeltern sind unverzichtbar

Das Deutsche Zentrum für Altersfragen kommt in seinem aktuellen *Alterssurvey* von 2021 auf folgende Schätzungen, die sich auf Deutschland und das Jahr 2020 beziehen:

- Etwa 4,5 Millionen Großeltern im Alter von 46 bis 90 Jahren betreuen regelmäßig ihre Enkelkinder unter 14 Jahren.
- Sie wendeten dafür im Schnitt 384 bis 431 Stunden im Jahr auf.
- Hochgerechnet sind dies rund 1,75 bis 1,95 Milliarden Stunden pro Jahr.[1]

Im Jahr 2020 betrug der gesetzliche Mindestlohn 9,35 Euro. Legt man nun für jede geleistete Stunde Enkelkindbetreuung diesen Mindestlohn zugrunde, kommt man auf einen wirtschaftlichen Gegenwert von rund 16 bis 18 Milliarden Euro. Klingt viel, und das ist es auch: Es entspricht etwa 0,5 Prozent des Bruttoinlandsproduktes des Jahres 2020 (das betrug rund 3400 Milliarden Euro). Zum Vergleich: Die Bruttowertschöpfung aus dem Wirtschaftszweig Fischerei, Land- und Forstwirtschaft lag 2022 bei 22,1 Milliarden Euro und somit bei etwa 0,65 Prozent des Bruttoinlandsproduktes.

Die Kinderbetreuung, die Großeltern Jahr für Jahr wie selbstverständlich übernehmen, ist also rein ökonomisch gesehen so wertvoll wie ein eigener kleiner Wirtschaftszweig!

2023 lag der Mindestlohn bereits bei 12 Euro. Das Bruttoinlandsprodukt in diesem Jahr betrug 4100 Milliarden Euro. Legt man diesen Zahlen dieselben Schätzungen wie für das Jahr 2020 zugrunde, so kommt man zu einem ähnlichen Verhältnis von wirtschaftlichem Gegenwert zu Bruttoinlandsprodukt (etwa 0,5 Prozent). Jedoch lässt sich vermuten, dass im Jahr 2023 mehr Stunden für die Betreuung der Enkelkinder aufgebracht wurden als im Coronajahr 2020 mit seinen Kontaktbeschränkungen. (Zur Einordnung: Die Erhebung des Deutschen Zentrums für Altersfragen erfolgte in einem Zeitraum, als die Schulen noch geöffnet waren und die Impfkampagne noch nicht gestartet war, auch Schnelltests waren noch nicht verfügbar. Es zeigte sich in den Umfragen bereits deutlich, dass zum Beispiel Großeltern, die weiter weg wohnten, aufgrund der Corona-Bestimmungen seltener zu ihren Enkelkindern anreisen konnten oder wollten.) Einen coronabereinigten Anhaltspunkt bietet vielleicht die vergleichbare Erhebung aus dem Jahr 2017, als wir alle noch nie von dem Virus gehört hatten: In diesem Jahr kam das Deutsche Zentrum für Altersfragen auf insgesamt 6 Millionen Großeltern, die im Schnitt 456 Stunden pro Jahr auf die Enkelkinder aufpassten und damit in Summe 2,7 Milliarden Stunden Betreuungszeit leisteten. Die entsprächen Lohnkosten von 25,7 Milliarden Euro — und einem Anteil am Bruttoinlandsprodukt des Jahres 2017 von 0,78 Prozent.

Ich verspreche: Das war das letzte Mal, dass das Wort „Bruttoinlandsprodukt" in diesem Buch fällt. Aber ein paar andere spannende Zahlen müssen wir uns unbedingt noch anschauen: Die oben stehenden Rechnungen gehen von einer Bezahlung auf Mindestlohnniveau aus. Das Dienstleistungsportal *ProntoPro.de* hat vor einiger Zeit einen anderen, deutlich wertschätzenderen Ansatz gewählt und die Betreuungszeit von Omas und Opas in ihre Bestandteile aufgedröselt: Kochen, Aufräumen, Hilfe bei den Hausaufgaben, Fahrdienste, kleine Handwerksarbeiten und vieles mehr — all das ist Teil des Großelternalltags mit Enkelkind. Und die meisten dieser Tätigkeiten werden im Schnitt mit deutlich mehr als dem Mindestlohn honoriert. Das Portal hat sich daher den durchschnittlichen Verdienst entsprechender Dienstleister angeschaut und kommt zu dem Ergebnis:

Wäre „Oma" oder „Opa" ein Job, dann würde er mit 3000 Euro monatlich entlohnt werden!

Natürlich soll das Verhältnis zum Enkelkind kein Preisschild bekommen! Worum es mir in diesem Kapitel geht, ist ein ganz anderes Thema: Wertschätzung. Wertschätzung nicht nur dafür, dass Omas und Opas ihre Enkelkinder genauso uneingeschränkt und bedingungslos lieben wie ihre eigenen Kinder. Oder dafür, dass sie zusätzliche

Großeltern sind unverzichtbar

Bezugspersonen im Leben ihrer Enkelkinder sind, die ihnen Wissen und Werte vermitteln, von denen sie nur profitieren können (auch dazu kommen wir in diesem Buch noch ganz ausführlich). Sondern auch die Wertschätzung dafür, dass viele Eltern ihrer Erwerbstätigkeit nur deshalb in der Form, wie sie es tun, nachgehen können, weil sie Unterstützung durch die Großeltern erfahren. Wertschätzung dafür, dass Oma und Opa oft auch dann einspringen, wenn Babysitter, Kindertagesstätte oder Kindergarten Nein sagen — zum Beispiel bei Krankheit des Kindes. Und Wertschätzung dafür, dass viele Großeltern auch dann auf ihre Enkelkinder aufpassen, wenn die Eltern nicht arbeiten, sondern einfach einmal ausschlafen und durchatmen müssen (oder möchten).

Großeltern zu werden und zu sein ist „das Dessert des Lebens", wie es so oft auf Kaffeetassen und Sinnspruchkarten heißt. Und ich verstehe den Vergleich absolut: Das Dessert ist in der Regel der köstlichste Teil des Menüs. Aber das Oma- und Opa-Dasein ist eben kein Dessert, das einem im Restaurant fix und fertig an den Tisch geliefert wird und das man dann nur zurückgelehnt genießen muss. Es ist vielmehr eines dieser Desserts, die man aufwendig selbst zubereitet hat. Solche selbst gemachten Desserts schmecken bekanntlich am allerbesten, weil auch so viel Liebe darin steckt — und zwar so gut, dass man schon im Moment des Genusses all die Arbeit vergessen hat, die hineingeflossen ist. Und zwar Arbeit, die in diesem Fall auch staatliche Versäumnisse ausgleicht: In vielen Orten gibt es gar nicht ausreichend Kitaplätze, um eine verlässliche Kinderbetreuung ohne Oma und Opa zu gewährleisten. „Zum Stichtag 1. März 2020 fehlten rund 342 000 öffentlich geförderte Betreuungsplätze in Kindertagesstätten und bei Tagespflegepersonen", schreibt *Spiegel.de* in dem Artikel *Jedes siebte Kind unter drei Jahren hat keinen Kitaplatz.*[2] Tendenz: steigend! Die Bertelsmann Stiftung errechnete für das Jahr 2023 bereits ein Defizit von 384 000 Kitaplätzen.

Wie oben bereits beschrieben: Großeltern sind in diesem Land so wertvoll wie ein eigener kleiner Wirtschaftszweig. Eine finanzielle Entlohnung gibt es dafür selten (Tipps zu dem Thema kommen auf den folgenden Seiten von einem Finanzexperten!). Und außer einem einzig in Bayern stattfindenden Großelterntag am zweiten Sonntag im Oktober auch wenig Anerkennung durch die Regierung (was eine Unverschämtheit ist, aber das ist ein anderes Thema). Deshalb ist die emotionale Belohnung durch die Familienmitglieder, die vom Einsatz der Großelterngeneration profitieren, umso wichtiger. Das Strahlen der Kinderaugen, wenn diese Oma erblicken, und das herzerweichende Lachen des Enkelkindes, wenn es Opa in den Arm schließt, kommen ganz von allein. Die aufrichtige Wertschätzung durch die Eltern geht im Alltag manchmal unter. Daher nutze ich die Gelegenheit, um im Namen aller Eltern da draußen, die sich über die Unterstützung liebevoller Großeltern freuen können, zu sagen:

Danke, liebe Omas und liebe Opas, dass es euch gibt! Ohne euch würde es nicht gehen. ⚓

Gastbeitrag

Benjamin Bhatti ist Diplom-Kaufmann, Diplom-Volkswirt, Master of International Taxation und Geschäftsführer der Steuerberatungsgesellschaft *bhatti.pro*

Geld spielt (k)eine Rolle

Unentgeltliche Kinderbetreuung ist keine Selbstverständlichkeit. Ob es für die Eltern steuerlich nicht sogar sinnvoll sein kann, für das Enkel-Sitting zu bezahlen, und worauf man dabei achten sollte, habe ich Steuerberater Benjamin Bhatti gefragt.

Angenommen, die Eltern meines Enkelkindes entlohnen mich für meine Betreuungszeiten: Können sie diese Kosten von der Steuer absetzen?
Eltern können Kinderbetreuungskosten für Kinder unter 14 Jahren oder bei Kindern mit Behinderung grundsätzlich steuerlich absetzen. Dies umfasst zum Beispiel Kosten für einen Babysitter oder eine Tagesmutter, solange diese nicht auf familienrechtlicher Grundlage unentgeltlich üblich sind (was zum Beispiel der Fall ist, wenn ein Familienmitglied nur gelegentlich bei der Kinderbetreuung einspringt). In dem speziellen Fall, wenn Oma und Opa *regelmäßig*, zum Beispiel einmal wöchentlich, auf das Enkelkind aufpassen, ist eine steuerliche Absetzbarkeit nur dann möglich, wenn ein

Betreuungsvertrag vorliegt und die Leistungen tatsächlich durchgeführt werden. Aufwendungen für Großeltern, die ohne vertragliche Regelungen oder unentgeltlich arbeiten, sind nicht absetzbar. Weniger kompliziert formuliert bedeutet das: Möchten die Eltern die Betreuungskosten, die sie an Oma oder Oma zahlen, steuerlich absetzen, ist ein Betreuungsvertrag notwendig.

Wie sieht so ein Betreuungsvertrag zwischen Eltern und Großeltern genau aus?
Die Finanzverwaltung stellt erhöhte Anforderungen an Verträge zwischen nahen Angehörigen. Daher sollte der Vertrag mindestens berücksichtigen:
- eine detaillierte Beschreibung der Betreuungsleistungen, zum Beispiel die Art der Betreuung, den zeitlichen Umfang und so weiter
- die Vereinbarung über die Vergütung, die insbesondere den Betrag und die Zahlungsmodalitäten beinhaltet
- Regelungen zur Vertragsdauer und Kündigung
- sonstige Pflichten und Rechte beider Parteien, wie zum Beispiel Verpflichtungen im Krankheitsfall des Kindes

Eine Vorlage für einen Betreuungsvertrag finden Sie hier zum kostenlosen Download: www.Enkelkind.de/betreuungsvertrag-vorlage

Gastbeitrag

Und kann die Bezahlung fürs Enkel-Sitting bar erfolgen?
Nein, Barzahlungen sind bei Kinderbetreuungskosten steuerlich nicht absetzbar. Banküberweisungen sind also notwendig, da nur diese leicht nachweisbar sind und darum steuerlich anerkannt werden.

Muss ich die Einnahmen, die ich fürs Enkel-Sitting erhalte, versteuern?
Für private Betreuungsleistungen durch Großeltern fällt in der Regel keine Mehrwertsteuer (Umsatzsteuer) an, da sie in der überwiegenden Mehrzahl kein umsatzsteuerliches Unternehmen unterhalten. Wenn im Ausnahmefall Großeltern anderweitig unternehmerisch tätig sind, unterliegen auch die Betreuungsleistungen der Umsatzsteuer. Insoweit ist das Vorgehen dann mit dem Steuerberater oder der Steuerberaterin abzustimmen.
Erbrachte Leistungen unterliegen allerdings grundsätzlich der Einkommensteuer und sind im Rahmen der Einkommensteuererklärung anzugeben. Jedoch können dann auch die hiermit einhergehenden Aufwendungen in Abzug gebracht werden. Es kommt dann auf die Einzelheiten des Betreuungsver-

trags an (bekomme ich ein Entgelt für die Betreuung, dann sind meine Aufwendungen absetzbar, oder lediglich Entgelt für den Aufwandsersatz, z. B. Fahrtkosten, dann sind meine Aufwendungen nicht bzw. nur insoweit zu berücksichtigen).

Ich passe regelmäßig auf mein Enkelkind auf und will kein Geld dafür nehmen. Aber was ist mit meinen Fahrtkosten? Kann ich die steuerlich absetzen?
Da die Großeltern im Regelfall keine Bezahlung für die Betreuung nehmen, können sie die Fahrtkosten nicht selbst steuerlich absetzen — das geht nur, wenn Oma oder Opa für das regelmäßige Enkel-Sitting bezahlt wird und auch ein Betreuungsvertrag vorliegt. Die Eltern könnten jedoch auch ohne Bezahlung für die eigentliche Betreuung die Fahrtkosten übernehmen und im Rahmen eines Betreuungsvertrages als Teil der Kinderbetreuungskosten geltend machen. Der Betreuungsvertrag dokumentiert dann, dass die Betreuung regelmäßig und unentgeltlich erfolgt, dafür aber die Fahrtkosten erstattet werden. Die Erstattungszahlungen der Eltern an die Großeltern müssen nachweislich per Überweisung geleistet werden. Wichtig dabei: Aufwendungen für die Fahrten des Kindes zu den Großeltern können nicht abgesetzt werden, sondern nur die Erstattungen von Fahrtkosten der betreuenden Großeltern zum Enkelkind oder wenn sie mit dem Enkelkind zusammen Ausflüge unternehmen. ⚓

Kapitel 2

Großeltern sind wichtig für Enkelkinder

„Ich frag lieber Oma!"

Mein Sohn war zum Zeitpunkt dieser Geschichte neun Jahre alt, und das Problem, das ihn quälte, überschattete seine ganze kleine große Welt. Ich muss ehrlich sein: Heute, rund eineinhalb Jahre später, weiß ich gar nicht mehr, worum es konkret ging. Vielleicht beschäftigten ihn die wiederkehrenden Streitereien auf dem Schulhof mit den Jungs aus der Parallelklasse. Oder die Sorge, den Anforderungen im Schwimmunterricht nicht gerecht zu werden, denn er hasste das Tauchen. Vielleicht war es auch etwas ganz anderes — es spielt heute (zum Glück) keine Rolle mehr, denn sonst würde ich mich sicher daran erinnern.

Woran ich mich aber ganz genau erinnere, sind die folgenden Worte, die er sagte, als wir in der Küche saßen und seinen Kummer besprachen: „Ihr sagt zwar gute Sachen", räumte er meinem Mann und mir gegenüber ein und schniefte, „aber Papa und du, ihr sagt immer nur dasselbe". Es war einer dieser Momente, die einen vor lauter kindlicher Ehrlichkeit und unerwarteter Weisheit kurz verstummen lassen.

Hätte ein Erwachsener mir vorgeworfen, mich in meinen Aussagen ständig zu wiederholen, hätte ich empört widersprochen; ich bin schließlich eine intelligente Frau, die Meinungen – erst recht die eigene – regelmäßig hinterfragt! Die weiß, dass Dinge sich weiterentwickeln, und die sich deshalb Gedanken macht über die Aktualität ihrer Aussagen! Eine studierte Journalistin, die sich auskennt mit Wörtern und Formulierungen, und die sogar Synonyme kennt für solche Begriffe, für die man niemals Synonyme benötigt, weil man sie so selten verwendet. Eine Unverschämtheit zu behaupten, dass jemand wie ICH immer nur dasselbe sagen würde! Ein Affront, eine Beleidigung, eine regelrechte Impertinenz (nur um kurz zu beweisen, dass ich tatsächlich gern mit Synonymen um mich schmeiße).

Aber der Vorwurf kam nun einmal nicht von einem erwachsenen Menschen, sondern von einem Kind (und die sagen ja bekanntlich meistens die ungeschönte Wahrheit) und noch dazu von meinem eigenen – und er brachte mich ins Grübeln. Natürlich habe ich zu gewissen Dingen eine bestimmte Haltung. Zum Beispiel dazu, wie man mit Rowdys auf dem Schulhof umgehen sollte. Oder wie man sich am besten den Herausforderungen stellt, vor denen man große Angst hat, um die man aber nicht drum herum kommt. Mein Mann hat in vielen Dingen andere Ansichten – auch und vermutlich allem voran in der Frage, wie man Schulhofstreitigkeiten löst. Doch nach einigen Überlegungen musste ich unserem Sohn recht geben: Geändert hatte keiner von uns die jeweilige Einstellung dazu seit seiner Einschulung. Und so lag sein

Vorwurf, dass wir zu gewissen Dingen „immer nur dasselbe" zu sagen hätten, vermutlich gar nicht so weit entfernt von der Wahrheit, wie ich gern behaupten würde.

Was bringt es nun also unserem Sohn, wenn ich als Mama Meinung A vertrete und mein Mann als Papa meinetwegen Meinung B — aber beide Meinungen ihn nicht weiterbringen bei seinem Problem? Und wenn wir dann auch noch, zu seinem Entsetzen, diese Meinungen in immer neuen Formulierungen nur wiederholen, jedes Mal dann, wenn er uns erneut um Hilfe bittet für dieselbe Herausforderung?

Ein Sprichwort sagt: Es braucht ein ganzes Dorf, um ein Kind großzuziehen. Ich muss dazu kritisch anmerken: Bislang hatten unser örtlicher Supermarkt, die Poststelle oder Bewohner und Bewohnerinnen unseres Heimatortes, die weiter weg als in der direkten Nachbarschaft leben, sehr wenig bis gar nichts mit dem Großziehen meiner Kinder zu tun. Ein ganzes Dorf schien in unserem Fall auch nicht wirklich vonnöten für die Aufgabe des Kindergroßziehens (zumindest bis zu diesem Punkt). Aber ich räume ein: Um ein Kind großzuziehen, und zwar so, dass es glücklich und gewappnet für das Leben in dieser wunderschönen und gleichzeitig sehr komplizierten Welt ist, sind liebende Großeltern definitiv ein unbeschreiblicher Gewinn. Die Großeltern meiner Kinder haben ihren Enkelkindern nicht nur das Fahrradfahren und das Schwimmen beigebracht (und waren damit uns El-

tern eine enorme Hilfe, mehr dazu im Kapitel *Großeltern bleiben ruhig*) — sie sind auch immer wieder Gesprächspartner und Ratgeberinnen für die beiden. Die oben beschriebene Situation in der Küche war nicht die einzige, die irgendwann mit den Worten endete: „Ich bespreche das vielleicht noch mal mit Oma." Auch ein knappes „Ich frag Opa" äußert unser Sohn mit zunehmendem Alter immer häufiger. Denn auch wenn Oma oder Opa im besten Fall nicht komplett konträrer Meinung zu uns sind, so haben sie in der Regel doch immer noch neue Ideen, zusätzliche Anmerkungen und auf jeden Fall andere Gedanken als Mama und Papa.

Unsere Kinder werden mit zwei Omas und einem Opa groß. Brauchen sie die Meinung eines Erwachsenen zu einer wirklich wichtigen Frage, dann haben sie dank der Großeltern ganze fünf anstatt nur zwei Personen zur Auswahl, die sie fragen können — und somit eine 150-prozentig höhere Chance, durch einen wohlgemeinten (groß-)elterlichen Rat eine Lösung für das eigene Problem zu finden.

Und nicht nur Kummer und Sorgen, sondern auch alle positiven Erlebnisse können sie mit mehr Menschen teilen, die ihnen wichtig sind. Ob gute Noten oder Erfolge im Sport, ein selbst gestaltetes Kunstwerk oder einfach nur ein besonders schöner Stein, der am Waldrand gefunden wurde: Glück vermehrt sich bekanntlich, wenn man es teilt. Und zwar umso mehr, wenn man nicht nur die Eltern, sondern auch Oma und Opa daran teilhaben lässt. ⚓

Wie Großeltern die Entwicklung ihrer Enkelkinder fördern

Sind zwei Menschen emotional eng miteinander verbunden, dann spricht man von einer Bindung: Es besteht ein unsichtbares Band zu einer ganz bestimmten Person, die nicht ohne Weiteres auswechselbar ist. Natürlich liegt es auf der Hand, dass ein Baby eine solche Bindung vor allem zu seinen Eltern entwickelt, da diese in der Regel von Geburt an die meiste Zeit mit ihm verbringen: Sie sind in den allermeisten Fällen die ersten Bezugspersonen des Kindes.
Die Bindungstheorie des Psychiaters und Psychoanalytikers John Bowlby und seiner Kollegin Mary Ainsworth besagt, dass das kindliche Bedürfnis nach Nähe zu den Bezugspersonen biologisch bedingt und angeboren ist. Das bedeutet: Genau wie das Bedürfnis nach Nahrung oder Schlaf hat es eine überlebenssichernde Funktion! Kinder brauchen liebevolle, sich kümmernde Menschen in ihrer Nähe, damit sie sich gesund entwickeln können. Laut der Theorie beschränkt sich dieses Bindungsbedürfnis dabei nicht allein auf die Eltern und eventuelle Geschwister: Personen außerhalb der Familie und selbstverständlich auch die eigenen Großeltern

können eine ebenso wichtige Rolle im Leben eines Kindes spielen und zu wichtigen Bezugspersonen werden, wenn sie eine sichere Bindung zum Kind aufbauen.[3]

Damit eine solche sichere Bindung entstehen kann, sind feinfühlige Reaktionen der Bezugsperson auf das Kind vor allem dann entscheidend, wenn dieses sich mal traurig, eingeschüchtert, überfordert oder einfach „nicht gut" fühlt: Empfinden Kinder Angst oder Unwohlsein, dann suchen sie nach Nähe, um sich sicher und geborgen zu fühlen. Großeltern, die in genau solchen Situationen liebevoll und verlässlich auf die Bedürfnisse des Kindes reagieren, zum Beispiel durch Trösten und Beruhigen, festigen laut den Expertinnen und Experten ihre emotionale Bindung zum Enkelkind dauerhaft. Dafür sind laut den Forschungen von John Bowlby vor allem die allerersten Jahre entscheidend, denn in diesen ist das Gehirn noch besonders formbar, und alle Erfahrungen prägen sich nachhaltig in die sich gerade aufbauenden Gehirnstrukturen ein. Die Entwicklung der Bindung findet demnach bis zum vierten Lebensjahr statt (aber keine Panik, falls Sie erst später ins Leben Ihres Enkelkindes treten sollten: Zu dem Thema finden Sie auf den kommenden Seiten beruhigende Informationen eines Pädagogen).

Im Alter von zwei Jahren beginnt bei Kindern zusätzlich das sogenannte Explorationsverhalten — das im Gegensatz zum Bindungsverhalten steht. Das Explorationsverhalten umfasst alles, was mit dem Entdecken, Herausfinden und Kennenlernen zu tun hat: Kinder erkunden ihre Umgebung und erforschen jedes Steinchen, das sie in die Finger bekommen! Nun liegt es fast schon auf der Hand, dass für eine gesunde Entwicklung eine gute Mischung aus beidem wichtig ist: Explorationsverhalten und Bindungsverhalten, also Entdeckerdrang und Sicherheitsgefühl. Besteht eine sichere Bindung zu einer oder im besten Fall eben mehreren Bezugspersonen, dann entwickelt das Kind auch genügend Vertrauen für kleine Erkundungen: Kinder, die wissen, dass sie jederzeit auf Unterstützung von ihren Bezugspersonen zählen können, sind eher bereit, ihre Umgebung eigenständig zu erforschen und neue Erfahrungen zu sammeln. Die Sicherheit gibt ihnen den Mut, kleine „Risiken" einzugehen, die für ihre Entwicklung wertvoll sind. Wenn ich mir als Kind zum Beispiel sicher sein kann, dass Opa unten an der Rutsche auf mich wartet und mich auffängt, dann traue ich mich vielleicht auch, die Stufen hinauf zur Rutschfläche allein nach oben zu klettern. Oder wenn ich weiß, dass Oma mich bei Heimweh oder anderen Wehwehchen trösten kann – und Mama und Papa mich im Fall der Fälle auch jederzeit abholen würden –, dann wage ich möglicherweise mit viel Vorfreude die erste Übernachtung allein bei den Großeltern. Dabei geht es nie darum, als Bezugsperson eines Kindes einer anderen Bezugsperson – sei es ein Elternteil oder ein anderer Großelternteil — ihren Platz streitig zu machen. (Zu dem Thema gibt Familienberaterin Claudia Hillmer im Kapitel *Großeltern sind verschieden* ausführlich wertvolle Tipps!). Im Gegenteil: Kinder können von mehreren Bezugspersonen nur profitieren! „Ein Kind braucht verständnisvolle Bezugspersonen, die in der Lage sind, es emotional zu begleiten, und die zur Empathie fähig sind", erklärt die Pädagogin und Resilienztrainerin Andrea Wurz in ihrem Artikel *Warum ein Kind mehrere Bezugspersonen braucht*. Weiter heißt es: „Das sind sehr hohe Anforderungen, die ein Elternteil allein kaum abdecken kann. Deshalb ist es für ein Kind eine große Bereicherung, mehrere Bezugspersonen zu haben. Jeder Mensch ist individuell und jede Bezugsperson kann unterschiedlich auf die Bedürfnisse und Emotionen des Kindes eingehen." Laut Andrea Wurz kann ein Kind daher durch mehrere Bezugspersonen in seinem Leben auch früher lernen, dass Menschen unterschiedlich sein können und dürfen: „Sie wissen dann zum Beispiel, dass der Papa gerne blödelt und Kräfte misst und sich das Kind mit ihm so richtig austoben kann und dass die Mama es eher gemütlich mag, lieber ein Buch liest und kuschelt. Im Idealfall ist dann noch ein Opa und/oder eine Oma, Nachbar/in, Onkel/Tante im Spiel, welche beispielsweise intensiv Geschichten erzählen. Somit können die unterschiedlichen Bedürfnisse eines Kindes von unterschiedlichen Personen abgefangen werden."[4]

Dabei sollte nicht unterschätzt werden, wie wertvoll es ist, Bezugspersonen aus verschiedenen Generationen zu haben. Oma und Opa bringen allein aufgrund ihres Alters Werte und Wissen mit in die Beziehung zum Enkelkind, die über die der Eltern hinausreichen. Durch ihre Lebenserfahrung sind sie in der Lage, eine andere Perspektive einzunehmen als jüngere Generationen — und manche Dinge und Situationen mit mehr Ruhe zu betrachten, einfach weil sie sie schon häufiger (oder überhaupt) erlebt haben. Dazu gehört allen voran das Großziehen eines Kindes! Diese Erfahrung haben Großeltern den Eltern in jedem Falle voraus.

Und eben diese Erfahrung, die nicht besser oder schlechter, aber auf jeden Fall anders ist als die der Eltern, macht Oma und Opa zu etwas sehr Wichtigem im Leben ihrer Enkelkinder: Sie sind Gesprächspartner aus einer anderen Position heraus als die Eltern. Sie betrachten Situationen aus einem anderen Blickwinkel, haben immer mal wieder eine andere Meinung als Mama und Papa und können in manchen Fällen sogar — aus kindlicher Sicht eine nahezu magische Fähigkeit! — Entscheidungen der Eltern aushebeln und eigene Regeln aufstellen. Sie sind Menschen, in deren Gegenwart die eigenen Eltern selbst die Position eines Kindes einnehmen. Wie faszinierend ist das?

Eine starke, sichere Bindung zu den Großeltern bedeutet für die Kinder daher nicht nur, dass sie zusätzliche Spielgefähr-

ten haben und die Eltern zuverlässige Babysitterinnen. Gute Beziehungen zu Oma und Opa bieten den Enkelkindern zusätzliche Perspektiven auf die eigene Familie, das Leben und die ganze Welt. Die Großeltern können außerdem einen großen Teil dazu beitragen, dass sich ein Kind sicher, geliebt und geborgen fühlt. Und das wiederum kann sich positiv auf das gesamte Leben auswirken. Denn wer eine sichere Bindung erfährt und früh lernt, dass die eigenen Bedürfnisse wichtig sind und beachtet werden, kann ich der Regel einfacher ein starkes Selbstwertgefühl aufbauen. Das wiederum führt zu einem positiven Selbstbild — und das hilft dabei, eines Tages selbst stabile und harmonische Beziehungen aufzubauen.

So können alle Seiten nur gewinnen – vor allem das Enkelkind. ⚓

Gastbeitrag

Daniel Wöbke ist staatlich anerkannter Erzieher. Der Pädagoge arbeitet seit 2011 mit Kindern und deren Bezugspersonen. Im Papa-Podcast „Serial Dads" analysiert er Kinderserien aus TV und Streaming.

Wie man eine gute Bindung aufbaut

Gibt es Möglichkeiten, die Beziehung zum Enkelkind von Anfang an bewusst zu fördern? Und was können Großeltern tun, die weit weg leben und ihre Enkelkinder nur sehr selten sehen? Zu diesen Fragen hat Erzieher Daniel Wöbke mir hilfreiche Tipps verraten.

Warum brauchen Kinder Bezugspersonen?

Bezugspersonen sind äußerst wichtig für die Entwicklung der Persönlichkeit: Kinder lernen Werte, Sprache, Verhaltensmuster und ethische Grundsätze von allen Bezugspersonen um sie herum — Eltern, Erzieherinnen und Erzieher, aber natürlich auch von ihren Großeltern.

Wie kann ich die Beziehung zu meinem Enkelkind von Anfang an fördern?

Zuallererst, ganz simpel: durch viel Körperkontakt. In den Arm nehmen, herumtragen, kuscheln. Werden die Kinder

dann älter und gehen in die Kita, kann ich aus persönlicher und beruflicher Erfahrung zudem sagen: Es ist immer wahnsinnig schön zu beobachten, wie sehr sich die Kinder freuen, wenn die Oma oder der Opa sie aus der Betreuung abholt. Wenn die Großeltern nicht allzu weit weg wohnen, kann man also einplanen, dass der Kita-Alltag zum Beispiel einmal in der Woche damit endet, dass eben nicht Mama oder Papa, sondern Oma oder Opa das Kind abholen. Das kommt aber natürlich auch auf die familiäre Bindung an und auf die Frage, ob das gewünscht ist. Was man nämlich immer auch tun sollte: die Grenzen wahren. Das heißt: Die Großeltern sollten mit den Eltern besprechen, was gewünscht und gewollt ist. So können keine Missverständnisse entstehen, wenn es um das Thema Erziehung geht.
Und: Kinder merken selbstverständlich auch, wie die Beziehung ihrer Eltern zu deren Eltern, also den Großeltern, ist. Wie wird miteinander gesprochen? Wie ist der Umgang miteinander? Das bekommen selbst Babys mit, und das macht etwas mit den Kindern, deshalb sollte man unbedingt auf einen respektvollen Umgang miteinander achten.

Welche Spiele fördern die Bindung zum Enkelkind?
Gemeinsam verbrachte, schöne Zeit fördert immer die gute Bindung — egal, was gespielt wird. Schauen Sie einfach: Was möchte das Kind gerade? Und steigen Sie dann in das Spiel

ein. Bei manchen Ideen der Kinder kann man auch mal über den eigenen Schatten springen — aber wenn beide Seiten, Oma oder Opa und das Enkelkind, Freude am Spiel haben, dann ist genau *das* das Richtige.

Leider wohne ich weit weg von meinem Enkelkind und sehe es nur selten. Habe ich trotzdem eine Chance, eine gute Bindung aufzubauen?
Natürlich ist es fast immer schöner, sich persönlich zu „begegnen". Insgesamt lässt sich aber auch eine große Entfernung zwischen Großeltern und Enkelkind durch die technischen Möglichkeiten heutzutage gut überbrücken. Klar: Das geht einfacher mit etwas älteren Kindern, die schon ein ungefähres Verständnis von digitalen Medien haben und wissen, was es bedeutet, Oma und Opa auf einem Bildschirm zu sehen im Vergleich zu „in echt". Und wenn das Kind noch sehr klein ist und den Opa oder die Oma nur durch Facetime oder Skype kennt, bedarf es einer intensiveren Begleitung der Eltern bei einem ersten „Live-Treffen". Aber wenn eine Bindung schon steht, kann diese sehr gut digital weiter ausgebaut und gehalten werden.

In der Bindungstheorie heißt es, dass die ersten vier Lebensjahre entscheidend seien für den Aufbau einer sicheren Bindung. Mein Enkelkind ist aber schon raus

aus dem Alter, und ich lerne es jetzt erst richtig kennen. Kann ich trotzdem noch eine Bindung zu ihm aufbauen?
Ja, die ersten Jahre *sind* wichtig. Aber selbst Menschen, die sich erst im Erwachsenenalter kennenlernen, können ja noch eine enge Bindung zueinander aufbauen. Ich habe in meiner Erzieherzeit Familien kennengelernt, bei denen die Großeltern in anderen Ländern lebten, 3000 oder 4000 Kilometer entfernt. Die haben ihre Enkelkinder im Babyalter entsprechend selten gesehen. Und selbst das hat wunderbar funktioniert, und es sind positive Beziehungen zwischen Großeltern und Enkelkindern entstanden. Aus meiner Berufserfahrung heraus kann ich also sagen: Ja, das ist absolut möglich. ⚓

Kapitel 3

Großeltern können (fast) alles

„Das soll Opa sich mal angucken"

„Wow, Mama!" Ich werde nie die geweiteten Augen meiner Tochter vergessen: Ungläubig starrte sie mich an, beeindruckt, überwältigt und fasziniert zugleich. Es schien, als müsste ihr kleiner Kopf noch verarbeiten, was sie gerade gesehen hatte. Ich stand vor ihr mit einem Schraubendreher in der einen und ihrem sprechenden Plüschhamster in der anderen Hand. So ein fürchterlich nervendes Stofftier, das alles, was man ihm vorsagt, in einer piepshohen, verzerrten Stimme nachplappert, als hätte es sowohl an einem Helium gefüllten Luftballon als auch an zu viel Eierlikör genippt. Nur, dass dieser Hamster schon seit Wochen nicht mehr geplappert hatte — denn die Batterien waren leer. Und aus irgendeinem Grund war dieser Zustand von meiner Tochter ohne Murren akzeptiert worden. Ja, hin und wieder hatte sie betont, wie schade es sei, dass Bertram (so der Name des Plapperhamsters) nicht mehr reden könne. Ich hatte stets mit einem schweren „Ja, wirklich sehr, sehr schade" geantwortet, hoffend, dass die zu diesem Zeitpunkt Fünfjährige zu jung sei, um die kaum unterdrückbare Ironie in meiner Stimme zu erkennen. Aber nie, wirklich nie, hatte sie mich darum gebeten, die kleine Schraube heraus-

zudrehen, das Batteriefach zu öffnen und einen Satz neuer AAA-Batterien einzusetzen. Warum eigentlich nicht?
Die Antwort sollte ich an diesem Tag erhalten. Es war tatsächlich meine eigene Idee gewesen, dem unheilvollen Hamster seine Stimme zurückzugeben. Meine Tochter war den fünften Tag in Covid-Quarantäne und auf einer Mir-ist-sooooo-langweilig-Skala von 1 bis 10 bei einer soliden 9,9 angekommen. Um ihr also ein wenig Zerstreuung (und mir ein wenig Zeit zur Homeoffice-Arbeit) zu ermöglichen, schnappte ich mir Bertram von Backenbart, so sein vollständiger Name, holte den kleinen Schraubendreher aus meiner Sammelsuriumkiste in der Küche und öffnete die Unterseite des Plapperhamsters. Und das war er, der Moment, der das Weltbild meiner Tochter (na ja, oder zumindest das Bild, das sie bislang von mir und meinen Fähigkeiten hatte) für immer veränderte: **„Wow, Mama! Ich dachte, so was kann nur Opa!"**, platzte es aus ihr heraus.
Einen kurzen Moment brauchte ich, um das Gehörte zu verarbeiten. Dann ergab plötzlich

alles einen Sinn: Meine Tochter war bis zum heutigen Tag schlicht der Auffassung gewesen, dass in ihrem Elternhaus niemand in der Lage sei, die Batterien im Hamsterhintern zu wechseln — denn diese waren immerhin durch eine *echte* Schraube gesichert!
Hatte sie tatsächlich noch nie gesehen, wie jemand von uns beiden, ihren Eltern, einen Schraubendreher verwendete? Tatsächlich fiel mir selbst so schnell auch keine Situation ein. Aber doch, Moment, war sie nicht dabei gewesen, als wir beim letzten Umzug den neuen Wohnzimmertisch und das Regal in der Küche zusammengebaut hatten? Oder hatte sie währenddessen immer geschlafen? Ja, vermutlich hatten wir sogar ganz bewusst Zeiträume gewählt, in denen sie uns nicht dabei hatte zuschauen *können*. Denn dem Zuschauen folgt erfahrungsgemäß schnell auch ein kindliches Mitmachen-Wollen, und das ist, seien wir ehrlich, im Falle eines ohnehin schon fordernden Ikea-Projektes nicht gerade förderlich. Tatsächlich, vermutlich hatte es bis zu diesem denkwürdigen Zeitpunkt keine Situation in ihrem bisherigen fünfjährigen Leben gegeben, aus der sie die Schlussfolgerung hätte ziehen können, dass einer ihrer Elternteile in irgendeiner Art und Weise handwerklich begabt sei.
Anders als uns Eltern traute sie die Überwindung einer schraubenartigen Hürde meinem Vater, ihrem Opa, problem-

los zu. Kein Wunder: Der war schon in meiner eigenen Kindheit derjenige gewesen, der ferngesteuerte Autos zum Fahren und leer geleuchtete Taschenlampen wieder zum Scheinen brachte. Und daran hat sich bis heute nichts geändert. Natürlich hatten auch die Kinder es direkt von früh auf mitbekommen, wenn wir defekte Technik oder kaputte Kinderfahrgeräte mit in mein Elternhaus schleppten, „damit der Opa sich das mal angucken kann". Plötzlich verstand ich auch, warum meine Tochter für die letzte Übernachtung bei Oma und Opa die kleine *Paw Patrol*-Leselampe mit in ihren Rucksack gestopft hatte, obwohl sie kaum noch leuchtete: Das Kind brauchte kein Nachtlicht zum Einschlafen — sondern einen Elektriker! Dass die Lampe mit neuen Batterien zurückkam, hatte ich zu dem Zeitpunkt zwar realisiert, aber nicht weiter beachtet.

Nun stand ich also vor meiner Fünfjährigen, die ich durch das einfache Öffnen eines Plastik-Batteriefachs derart beeindruckt hatte, dass sie den Mund nicht mehr zubekam. Und so sehr ich den Drang hatte, ihr an Ort und Stelle zu erklären, dass ich nicht nur den Hamster zum Sprechen, sondern natürlich auch ihre *Paw Patrol*-Lampe wieder zum Leuchten hätte bringen können, so sehr rührte es mich auch, dass ihr Opa, mein Vater, heute denselben „Der kann alles!"-Status bei ihr hat, wie er ihn damals schon bei mir als Kind hatte. Also entschied ich mich für die einzig notwendige und zu einhundert Prozent ehrliche Antwort:

„Das hat Opa mir beigebracht."

Stolz auf mein handwerkliches Können und voller Motivation, das Wissen an die nächste Generation weiterzugeben, fügte ich erwartungsvoll hinzu: „Soll ich dir zeigen, wie es geht?" Nun wich die Bewunderung im Blick meiner Tochter einer gesunden Skepsis. „Nein, Mama", konstatierte sie schließlich selbstbewusst, „das soll Opa mir selbst zeigen."

Natürlich. Wenn man die Möglichkeit hat, sollte man vom Meister lernen. ⚓

Wie Großeltern ihren Enkelkindern vergessene Dinge beibringen können

Die korrekte Benutzung eines Schraubendrehers gehört zu denjenigen Fähigkeiten, die meine Tochter sich zwar *lieber* von ihrem Opa beibringen ließ — die zu erklären ich aber durchaus auch selbst in der Lage gewesen wäre. Doch ich gebe es gern zu: Ungefähr bei diesem Schwierigkeitsgrad endet mein sehr limitiertes handwerkliches Talent auch schon. Und sobald es an anspruchsvollere Aufgaben geht, wie das Einstellen einer Fahrradbremse oder die Reparatur eines elektrischen Spielzeuges mit Wackelkontakt, ist die Annahme meiner Tochter, dass sie bei ihrem Opa (und nur dort) hilfreiche Unterstützung findet, durchaus berechtigt. Die Hauptursache dafür sehe ich (auch, um die Schuld für mein mangelndes Talent ein wenig von mir zu weisen) im schulischen Curriculum: Im Gegensatz zu meinen Eltern gehöre ich zu einer Generation, bei der Schulfächer wie „Handarbeit" und „Werken" an Regelschulen schon nicht mehr im Stundenplan standen. Neben der Lebenserfahrung, die unbestritten dazu führt, dass man in der ein oder anderen handwerklichen Disziplin Erfahrungspunkte ansammelt, sorgt diese Verschiebung in den Lerninhalten der jeweiligen Generationen ganz automatisch dafür, dass das Erlernen gewisser Fähigkeiten einfach nicht mehr selbstverständlich ist. Etwas platter gesagt: Verschwindet das Handwerken aus dem Stundenplan, dann verschwindet es in vielen Familien auch nach und nach aus dem Leben. Und aus der Berufsplanung: Die Zahl der offenen Stellen in Handwerksberufen erreichte im Jahr 2022 einen Rekordwert von knapp 240 000.[5] Das ergab eine Studie des Kompetenzzentrums Fachkräftesicherung (KOFA). Dabei fehlen besonders viele Fachkräfte im Bauhandwerk und bei der Sanitär-, Heizungs- und Klimatechnik — also ausgerechnet in denjenigen Berufen, die für die Energiewende (und damit für die Zukunft der kommenden Generationen) große Relevanz haben.

Aber ich gebe zu: Es wäre zu einfach, allein dem schulischen Lehrplan die Schuld daran zu geben, dass manche Dinge verlernt (oder nie gelernt) werden. Manches gerät auch aus dem Fokus, weil es heute einfach bequemere Lösungen gibt. Ein banales Beispiel aus dem Alltag: Seit der Erfindung des Klettverschlusses

hat die Zahl der Grundschulkinder, die keine Schnürsenkel binden können, immer weiter zugenommen. „Eine europaweite Studie sagt aus, dass jeder vierte Fünfjährige mit dem Smartphone umgehen, aber nicht einmal jedes zehnte Kind seine Schnürsenkel binden kann", heißt es in dem Artikel *Rettet das Schuhbandl* auf *Sueddeutsche.de*. Und der Text liefert die Erklärung für diese Entwicklung gleich mit: „Bequemlichkeit vor Anstrengung." Berufstätige Eltern haben im stressigen Alltag zunehmend weniger Zeit für wiederholungsintensive Lektionen. Der Griff zu Turnschuhen mit Klettverschlüssen ist dann oft nicht nur für die Kinder, sondern vor allem für die Eltern die einfache Lösung.

Eltern, die keine Zeit mehr haben, ihren Kindern die augenscheinlich banalsten Dinge beizubringen — klingt fürchterlich, oder? Finde ich auch. Und muss mir im selben Moment eingestehen, dass es bei uns nicht anders ist. Unsere Kinder können zwar ihre Schnürsenkel selbst binden, dafür blieb etwas anderes unbemerkt auf der Strecke: Mein Sohn war neun Jahre alt, als er mir von einer bevorstehenden Prüfung im Sportunterricht erzählte: „Wir müssen seilspringen, und wer das nicht kann, bekommt automatisch eine schlechtere Note!", berichtete er empört. Ich verstand die Aufregung nicht sofort. „Na, da musst du dir ja keine Gedanken machen", warf ich ein, „seilspringen kannst du doch wohl." Nun wuchs die Empörung meines Sohnes nur noch weiter:

„Hä? Nein, Mama, woher soll ich das können? Ich hab das heute zum ersten Mal probiert, das ist voll schwer!" Ich gebe zu, dass mich diese Reaktion etwas perplex zurückließ. Mein Sohn stand kurz vor seinem zehnten Geburtstag — und wusste nicht, wie man seilspringt? *Jedes* Kind kann doch Seilspringen! Ich erinnere mich, wie meine Schwester und ich als Kinder ganze Wettbewerbe in unserem Garten veranstaltet haben, wer schneller, öfter, länger über das rote, blaue oder gelbe Seil (denn wir hatten viele Seile in verschiedenen Farben) hüpfen konnte. Und sofort musste ich auch an unsere Gummitwist-Nachmittage denken! Dafür brauchten wir eine Freundin, die mitmachte, denn man musste mindestens zu dritt sein: Zwei von uns stellten sich gegenüber auf und spannten das lange Gummiband zwischen ihren Beinen stramm, sodass die Dritte kunstvolle Sprünge darüber ausführen konnte; zum Beispiel das Band von der einen Seite mit ihrem Knöchel mitzog auf die andere Seite, sodass Muster entstanden, die es hinterher wieder zu entwirren galt.

Ich probierte mich zu erinnern, wann ich das letzte Mal Kinder gesehen hatte, die Gummitwist spielten. Besaßen wir selbst überhaupt ein entsprechendes Gummiband dafür? Aber ein Seil zum Seilhüpfen, das gab es ganz bestimmt in unserem Haushalt, da war ich sicher! Ein rotes, ich hatte es doch gerade neulich beim Aufräumen weggepackt… Beim Aufräumen in unserer Altbauwohnung, in der wir ohnehin schon ständig Ärger mit den Nachbarn hatten, die sich über jedes kleine Geräusch aufregten. Und da dämmerte es mir: Wo hätte unser Sohn denn seilspringen lernen sollen? Hier, in seinem Kinderzimmer? Es hätte keine zwei Minuten gedauert, dann hätten die Nachbarn wieder maulend vor der Tür gestanden. Und einen Garten, wie den, in dem meine Schwester und ich früher herumgetollt waren, hatten wir zu diesem Zeitpunkt noch nicht. Klar, es gab Gelegenheiten draußen, auf den Spielplätzen und im Park. Aber ich hatte ihn nie dazu animiert, zum Spielen draußen ein Seil mitzunehmen und seilspringen zu üben. Geschweige denn, dass ich mir die Zeit genommen hätte, ihm das Ganze geduldig beizubringen. Warum fand ich es dann so sonderbar, dass er es nie gelernt hatte? Allein der Besitz eines roten, schönen Springseils (das, jetzt fiel es  mir wieder ein, in der Kiste zwischen den Kuscheltieren lagerte, weil unsere Tochter damit die Stoffhunde „Gassi führte") verleiht ja nicht auf magische Weise die Fähigkeit zum Seilspringen.

Die Tatsache, dass in vielen Familien mittlerweile beide Elternteile berufstätig sind, ist sicher einer der Gründe, weshalb Kinder manche Dinge, die zum Teil für ihre Eltern und ihre Großeltern noch selbstverständlich waren, deutlich später, weniger ausführlich oder ganz einfach nie lernen. Aber natürlich trägt auch die immer weiter fortschreitende Digitalisierung ihren Teil dazu bei, dass Kinder zwar Neues lernen, was ihre Eltern und Großeltern nicht beherrschen — dafür aber manches in Vergessenheit gerät. Auch hier ein einfaches Beispiel: Während das „Schönschreiben" zum Üben einer besonders ordentlichen Schreibschrift früher ein eigenes Schulfach war, bekommen Schulanfänger und Schulanfängerinnen heute in vielen Bundesländern die sogenannte Grundschrift beigebracht, bei der Druckbuchstaben ohne Schleifen und Kringel miteinander verbunden werden. (Manchmal, zum Beispiel in der Schule meines Sohnes, fällt der Teil mit dem Verbinden auch ganz weg — und die Kinder lernen lediglich eine handgeschriebene Druckschrift.) Hausaufgaben werden ohnehin zunehmend am Computer getippt, wodurch eine „schöne" Handschrift weiter an Bedeutung verliert.

Mit dem Werken, der Handarbeit und dem Fokus auf eine schöne Schreibschrift sind Fächer und damit Fähigkeiten aus dem Stundenplan der Kinder verschwunden, die die Basis dafür sind, mit den eigenen Händen etwas Schönes und Bleibendes zu erschaffen. Oder Bestehendes zu hegen, zu pflegen und zu reparieren. Das klingt im ersten Moment erschütternd, ist angesichts der heutigen „Wegwerfgesellschaft" jedoch kein allzu großes Wunder: Oft ist es — und da sind wir wieder bei der Bequemlichkeit — einfacher und absurderweise sogar günstiger geworden, Dinge neu zu kaufen, anstatt sie aufwendig zu reparieren. Welche Eltern nehmen sich nach Feierabend noch die Zeit, kaputte Socken zu stopfen, wenn es neue im Zehnerpack für 8,99 Euro gibt? Und wenn die Eltern diese Dinge nicht mehr tun: Woher sollen es dann die Kinder lernen?

Die Antwort auf diese Frage verbirgt sich in der Überschrift dieses Textes: Oma und Opa sind mit ihrem Wissensschatz und ihren Fähigkeiten „von früher" für die Enkelkinder ganz besondere Lehrmeister und Lehrmeisterinnen. Erst recht, wenn die Chance besteht, dass die Kinder von ihnen etwas lernen, das ihre Eltern nicht beherrschen! Und da gibt es eine ganze Menge, wie die folgenden Zitate verraten, die ich von Leserinnen und Lesern der Seite *Enkelkind.de* gesammelt habe:

Welche Dinge können in eurer Familie nur Oma oder Opa – aber nicht die Eltern?

> Geschichten von früher erzählen, von unserer Kindheit ohne Fernseher und Computer, mit langen Schulwegen etc. Unsere Enkelkinder lieben die Erzählungen darüber, wie Oma und Opa aufgewachsen sind!
> (Hans per WhatsApp)

> Kochen ohne Rezept, Sachen „heile machen", Wildkräuter erkennen und benennen; erzählen, wie es früher war und was heute alles leichter ist.
> (Corinna über Facebook)

> Als Oma bin ich für die selbst gestrickten Socken zuständig.
> (AivlyS über Facebook)

Großeltern können (fast) alles

Nur Oma und Opa haben die perfekte Zaubersalbe, um den wunden Popo wieder heile zu machen oder kleine Blessuren.
(Marina über Facebook)

Stricken, von Socken über Kuscheltiere, Jacken, Pullis, Mützen, Rucksäcke […], und vieles mehr.
(Sandy über Facebook))

Dem Kind den Dialekt vermitteln!
(Monika über Facebook)

Pilze sammeln konnte nur noch mein Opa, von keinem anderen würde ich die essen.😄 Ansonsten bin ich jetzt ja schon selbst Oma und behaupte mal, ohne sicher zu sein, dass keins unserer Kinder wüsste, wie man Socken stopft.🤔
(Pe. über Facebook)

Meine beiden jüngsten Enkelinnen sind scharf drauf, überwiegend mit Opa Dame und Mühle zu spielen. Offenbar längst vergessene Spiele.
(Annett über Facebook)

Lerninhalte verändern sich im Laufe der Jahre und Jahrzehnte. Nicht nur in der Schule, sondern im Leben allgemein — das ist nur natürlich. Für die Kinder heute ist es wichtig, digitale Fähigkeiten zu erlernen, damit sie sich in der modernen Welt zurechtfinden — das Beherrschen einer Programmiersprache ist in vielen Berufsgruppen heute wichtiger als das große Latinum — und sich auch vor Fake News, Cyber-Mobbing und Co. schützen können. Manchmal bleiben traditionelle Lerninhalte dadurch auf der Strecke. Großeltern können hier eine Lücke schließen und dabei helfen, die richtige Balance zu finden aus digitalen Kompetenzen und klassischen, analogen Talenten. Und so das Wissen mehrerer Generationen vereinen.

Und keine Sorge, Sie müssen mit Ihrem Enkelkind nicht Seilspringen oder Gummitwist üben, wenn Sie das selbst schon seit Jahren nicht mehr gemacht haben — da dürfen und müssen dann tatsächlich die Eltern selbst ran (ja, auch ich). Vier deutlich entspanntere Ideen für schnell erlernbare Dinge, die Sie Ihrem Enkelkind schon beim nächsten Treffen beibringen können, finden Sie auf den nächsten Seiten. Vermutlich beherrschen Sie diese ohnehin. Als kleine Erinnerungsstütze habe ich Ihnen für dieses Buch dennoch Schritt-für-Schritt-Anleitungen vom Profi organisiert. Viel Freude beim Nachmachen! ⚓

Gastbeitrag

Jürgen Busch liebt es zu basteln und zu werkeln – besonders dann, wenn eines seiner fünf Enkelkinder mitmacht. Seine schönsten Anleitungen und Ideen teilt er auf *grossvater.de*

Was Enkelkinder von Großeltern lernen können

Wie baut man eigentlich einen richtig guten Papierflieger? Oder eine echte Sonnenuhr? Die schönsten Ideen für kleine Lehrstunden mit dem Enkelkind hat Deutschlands erster Opa-Blogger Jürgen Busch für dieses Buch beigesteuert. Viel Spaß!

Einen Zaubertrick einüben, der immer klappt
Natürlich wissen auch Kinder, zumindest ab einem bestimmten Alter, dass ein Zaubertrick nicht wirklich Magie ist, sondern dass eine gewisse handwerkliche Fähigkeit und Geschicklichkeit dahinterstecken. Trotzdem: Zaubern ist toll, und Kinder lieben die (gespielt) überraschten Gesichter ihres Publikums. Wichtig: Der Trick muss immer wieder geübt werden, damit er perfekt klappt!
Wie wäre es mit dem Streichholzschachtel-Trick?
Ihr braucht dafür eine leere Streichholzschachtel, zwei Centmünzen sowie ein bisschen doppelseitiges Klebeband.

Nun geht ihr wie folgt vor:

① Zuerst wird die Streichholzschachtel präpariert, indem ihr ein wenig doppelseitiges Klebeband auf die Unterseite der Streichholzschachtelhülle klebt.

② Dann zieht ihr die Lade fast komplett heraus und klemmt eine Centmünze zwischen der Oberseite der Hülle und dem Rand der Lade ein. Lasst die Schachtel danach geöffnet (die Münze darf von außen nicht sichtbar sein).

③ Beim eigentlichen Zaubertrick dreht ihr die Schachtel so, dass nur die Oberseite sichtbar ist (und das Publikum das Klebeband nicht entdeckt). Die Zuschauer sehen die zweite Centmünze auf dem Tisch liegen, die Streichholzschachtel ist scheinbar leer (zum Beweis darf das Publikum einmal in die noch immer geöffnete Schachtel hineinschauen!).

④ Nun folgt ein Zauberspruch und der kleine Magier oder die kleine Magierin legt die Schachtel auf die Münze auf dem Tisch. (Diese haftet am doppelseitigen Klebeband.)

⑤ Beim Hochnehmen schließt das Kind die Schachtel, wodurch die eingeklemmte Münze in diese hineinfällt und – oh, großer Trick beim Wieder-Öffnen! – die Münze befindet sich auf einmal nicht mehr auf dem Tisch, sondern in der Schachtel.
Applaus!

Gastbeitrag

Einen Papierflieger bauen, der richtig fliegt
Die Faszination fürs Fliegen wird von Generation zu Generation weitergegeben. Lege den Grundstein dafür und baue mit deinem Enkelkind verschiedene Modelle von Papierfliegern (die sich übrigens auch in der Schule zum Versenden kleiner Nachrichten gut nutzen lassen).
Ihr braucht ein Blatt Papier und eine Heftklammer.

Und so baut ihr ein einfaches Papierfliegermodell, das seine Testphase sicherlich gut überstehen wird:

1. Faltet das Blatt der Länge nach zusammen und wieder auseinander.
2. Faltet beide Ecken einer schmalen Seite bis zur Mitte hin.
3. Faltet nun die neu entstandenen Ecken beider Seiten noch einmal zur Mitte hin.
4. Wiederholt diesen Schritt erneut und faltet die Ecken zur Mitte hin.
5. Nun müsst ihr beide Seiten des Fliegers entlang der Mittellinie nach hinten (!) falten, also genau in die andere Richtung als zuvor.
6. Und jetzt kommt der ultimative Geheimtipp, der diesen Papierflieger wirklich weit schweben lässt: Fixiere den „Rumpf" des Fliegers mit der Heftklammer. Die sorgt nicht nur für Stabilität, sondern auch für ein bisschen Gewicht an der richtigen Stelle – und somit für die perfekte Flugbahn!

Eine Zwille bauen, die ganz weit schießt

Welcher Opa in meiner Generation hatte als Junge keine Zwille? Es gab wohl fast keinen, und das, obwohl unsere Eltern der Meinung waren, dass dieses mit einem Weckgummi selbst gebastelte Spielzeug unheimlich gefährlich sei. Doch die Steine, Kastanien und Eicheln, die wir als Geschosse verwendet haben, flogen so schön weit! Grund genug, um auch deinem Enkelkind den Bau näherzubringen, zumal viele Eltern heute gar nicht so genau wissen, wie eine Zwille entsteht, die wirklich nutzbar ist.

Dabei ist das ganz einfach:

1. Legt euch das benötigte Material zurecht: Y-förmigen Ast, Einweckgummi, Alleskleber, kleines Stück Leder (etwa so groß wie eine Streichholzschachtel), Schnur, Taschenmesser.
2. Beide Enden der Y-Gabel bekommen eine kleine Einkerbung.
3. Schneidet den Einweckgummi in zwei Hälften.
4. Knotet an jedes Ende des Gummis ein Stück Schnur.
5. Stecht zwei Löcher in das Lederstückchen.
6. Knotet das Lederstück zwischen die Einweckgummihälften. Befestigt die freien Enden der Einweckgummihälften mit der Schnur an den Einkerbungen im Y-Ast.
7. Gebt auf jeden Knoten ein bisschen Alleskleber, damit er auch wirklich hält.

Wer möchte, kann den Ast auch mit kleinen Schnitzereien oder Farben verschönern. So wird er zu etwas ganz Besonderem! (Und dass auf Mensch und Tier auf keinen Fall gezielt werden darf, gehört natürlich auch zu den Lektionen, die Enkelkinder von ihren Großeltern lernen!)

Gastbeitrag

Eine Sonnenuhr aufstellen, die die echte Zeit anzeigt

Keine Sorge: Für diese einfache Variante der Sonnenuhr braucht ihr keinen Kompass — nur ein bisschen Geduld! Besorgt ein Brett, einen Hammer, einen großen Nagel (so lang wie möglich!) und ein gutes Dutzend kleinere Nägel. Außerdem braucht ihr einen Stift und eine runde Form, zum Beispiel eine Müslischale.

Nun geht es wie folgt weiter:

1. Malt einen Kreis auf das Brett, indem ihr die Müslischale kopfüber daraufstellt und mit einem Stift umrandet.
2. Schlagt nun den großen Nagel in die Mitte des Kreises.
3. Sucht euch jetzt einen Platz, an dem möglichst den ganzen Tag über die Sonne scheint, und stellt hier das Brett ab.
Wichtig: Es darf nun nicht mehr verschoben werden! Schiebt es daher am besten an den Rand des Fensterrahmens oder der Fensterbank, damit es nicht verrutscht, wenn ihr weitere Nägel einschlagt.

④ Schlagt zur vollen Stunde einen kleinen Nagel auf den gezeichneten Kreis, genau dort, wo der Schatten des großen Nagels hinfällt.
⑤ Schreibt an den kleinen Nagel, welcher Stunde er entspricht.
⑥ Wiederholt Schritt 4 und 5 zur nächsten vollen Stunde, bis ihr so viele Uhrzeiten wie gewünscht auf der Sonnenuhr ablesen könnt. Natürlich könnt ihr Schritt 6 auch auf mehrere Tage aufteilen. ⚓

Kapitel 4

Großeltern können Geschichten erzählen

„Oma liest nicht nur *ein* Kapitel!"

„Mamaaa, lesen wir jetzt weiter *Drachenmeister*?" Es war Schlafenszeit, meine Tochter stand mit geputzten Zähnen vor mir und schaute mich mit erwartungsvollem Blick und dem charmanten Lächeln einer Siebenjährigen an, das jedes Mamaherz sofort zum Schmelzen bringt. „Gestern hast du gesagt, heute lesen wir *zwei* Kapitel!"
Sie hatte vollkommen recht, das hatte ich gestern gesagt. Aber leider hatte ich gestern auch gesagt, dass ich heute „auf jeden Fall" den Artikel fertigstelle, auf den mein Auftraggeber wartete. Ich hatte ihm sogar versprochen, dass ich notfalls eine Nachtschicht einlegen würde, damit er die Datei „ganz sicher bis zum Redaktionsbeginn morgen früh" im Posteingang hätte.
Nun wäre es zeitlich gesehen durchaus möglich gewesen, erst zwei Kapitel *Drachenmeister* zu lesen und *danach* besagten Text fertigzustellen. Denn seien wir ehrlich: Das Vorlesen zweier Kapitel aus einem Kinderbuch dauert in den wenigsten Fällen länger als 15, vielleicht 20 Minuten. Im speziellen Fall der *Drachenmeister*-Buchreihe, innerhalb derer wir uns mittlerweile bei Band 23 befanden, konnte ich sogar mit an Sicherheit grenzender Wahrscheinlichkeit vorhersagen, dass

deutlich weniger Zeiteinsatz vonnöten sein würde. Nur: Diese rational-logische Information konnte mein Kopf in dem Moment nicht gut verarbeiten.

Schon beim Abendessen waren meine Gedanken permanent um die Fertigstellung meines Artikels gekreist. Ob ich doch noch mehr Zitate einbauen sollte? Und wenn ja: Wo bekäme ich die heute Abend noch her? Auch die Überschrift bereitete mir Sorgen: Mir wollte schon seit Tagen einfach kein griffiger Titel einfallen! „Hier fehlt noch eine Überschrift" stand daher nach wie vor ganz oben in meinem Word-Dokument. Und während meine Tochter nun bittend vor mir stand, durchzuckte mich kurz der Gedanke an das peinliche Was-wäre-wenn-Szenario, in dem ich diese verschriftlichte Erinnerung an mich selbst vergessen und die Datei aus Versehen samt Blindtext-Überschrift an meinen Auftraggeber absenden würde. Nein, so sehr ich unser abendliches Ritual auch liebe, bei dem mein Mann unserem Sohn und ich unserer Tochter etwas vorlese, ich musste mir doch eingestehen: Heute war einer dieser Tage, an denen ich meinen Part davon schlicht nicht würde erfüllen können. Und das spürte unsere Tochter, denn je länger ich zögerte, desto mehr wich die Vorfreude in ihrem Gesicht langsam, aber sicher einer traurigen Enttäuschung.

Doch zum Glück war heute auch einer dieser Tage, an denen meine Schwiegermutter für einen mehrtägigen Besuch zu uns gekommen war. Vielleicht hatte sie mir mein noch unausgesprochenes Dilemma angesehen. Vielleicht aber hatte sie sich auch ganz unabhängig davon sowieso vorgenommen, heute das Vorleseritual zu übernehmen. Auf jeden Fall ging sie einen Schritt auf ihre Enkeltochter zu und sagte, noch bevor ich „Es tut mir leid, ich muss leider arbeiten" mit Worten ausformulieren konnte, mit dem wärmsten aller Omi-Lächeln im Gesicht: „*Ich* würde dir gern vorlesen, Schatz!"

Vermutlich war „Vorlesen mit Oma" der einzig adäquate Ersatz für meine versprochene Vorlese-Einheit, die unsere Tochter in diesem Moment hätte gelten lassen. Denn schnell wich die Enttäuschung aus ihrem Gesicht und machte Platz für ein Strahlen: „Ja, Omi soll lesen!", freute sie sich. Bevor sie ernst hinzufügte: „Aber nicht *Drachenmeister*. Das darf nur Mami."

Also verabschiedeten sich Oma und Enkelin mit dem Vorhaben, gemeinsam eine schöne Alternative zum 23. Band der *Drachenmeister*-Reihe auszuwählen, ins Kinderzimmer — und ich mich an den Schreibtisch. Und ich gebe zu: Dort habe ich wohl ein bisschen die Zeit vergessen, denn ich schrieb und schrieb und schrieb an meinem Text weiter; dankbar, dass ich mich voll und ganz darauf konzentrieren konnte. Als meine Schwiegermutter irgendwann aus dem Kinderzimmer kam und sich direkt, nur kurz in Richtung meines

Schreibtisches im Wohnzimmer winkend, in ihr Gästebett verabschiedete, war ich fast fertig mit dem Artikel — und lächelte wissend: Sicher, sie hatte mich nicht bei der Arbeit stören wollen. Aber vermutlich war sie auch deshalb so zielstrebig ins Bett gehuscht, weil sie, wie ich selbst schon viele Male, bei der gemütlichen Vorleseatmosphäre im Kinderzimmer mit eingeschlafen war und jetzt nur schnell, müde und verschlafen, das Nachtlager wechseln wollte. So dachte ich. Die schöne Wahrheit erfuhr ich am nächsten Morgen, als ich unsere Tochter für die Schule weckte und ihre Omi noch schlief. „Na, für welches Buch habt ihr euch gestern entschieden?", fragte ich, während ich die Fenster zum Lüften öffnete. „Siehst du doch", antwortete die verschlafene Erstklässlerin und deutete auf einen Stapel Vorlese- und Bilderbücher, der tagsüber noch nicht neben ihrem Bett gelegen hatte. Ich schaute auf die Auswahl von mindestens zehn, eher zwölf Geschichten, darunter neben vorrangig Bilderbüchern auch zwei Erstlesegeschichten mit verhältnismäßig viel Text. „Und welches davon hat Omi dir vorgelesen?", hakte ich nach. „Na, alle, Mama!", empörte sich nun meine Tochter. Und fügte, um die Offensichtlichkeit ihrer Aussage (und vermutlich auch die Verbesserungswürdigkeit meiner eigenen durchschnittlichen Vorlese-Performance) zu betonen, hinzu: „Oma liest nicht nur ein oder zwei Kapitel. Die liest ganze Bücher. Immer!"

Natürlich ist mir bewusst, dass die „ganzen Bücher", die meine Schwiegermutter liest, keine hundert Seiten dicken Romane sind. Aber dass sie sich beim Vorlesen meistens mehr Zeit nimmt, als ich es an einem normalen Arbeitstag tue, muss ich dennoch neidlos anerkennen. Ebenso wie die Tatsache, dass sie am gestrigen Abend mit dem knappen Dutzend Bücher, das hier nun frisch gelesen vor mir lag, einen haushohen neuen Rekord aufgestellt hatte. Den ich ihr und vor allem ihrer Enkeltochter von Herzen gönnte. Heute Abend aber, das nahm ich mir fest vor, würde ich drei Kapitel *Drachenmeister* vorlesen. Mindestens. ⚓

Wie Großeltern ihren Enkelkindern neue Welten eröffnen

Vorlesen ist mehr als nur ein schönes oder gar gemütliches (und, seien wir ehrlich, manchmal auch nervenaufreibendes und zeitfressendes) Ritual im kindlichen Alltag. Expertinnen und Experten sind sich einig: Regelmäßiges Vorlesen tut Kindern auf zahlreichen Ebenen gut. „Vorlesen fördert die frühe Sprachentwicklung, etwa mit Blick auf das Vokabular"[6], wird Ralph Radach, Professor für Allgemeine und Biologische Psychologie an der Bergischen Universität Wuppertal, auf dem Wissenschaftsportal *Spektrum.de* zitiert. Denn durch Geschichten lernen Kinder neue Begriffe kennen, denen sie in ihrem Alltag sonst nicht begegnen. Und das in einem überwältigenden Maße: Forschende der Ohio State University haben herausgefunden, dass Kinder, die täglich mehrere Pappbilderbücher oder Bilderbücher für Vorschulkinder vorgelesen bekommen, bis zu ihrem fünften Geburtstag weit über eine Million mehr Worte kennenlernen als Kinder, denen selten vorgelesen wird.[7]
Laut *Vorlesemonitor 2023*, einer repräsentativen Studie zum Vorleseverhalten von Eltern ein- bis achtjähriger Kinder,

die das Institut für Lese- und Medienforschung der Stiftung Lesen gemeinsam mit *Die Zeit* und der Deutschen Bahn Stiftung durchgeführt hat, sei das Vorlesen sogar „einer der wichtigsten Impulse in der frühen Kindheit"[8]. Denn, so die Studie, das Vorlesen fördere „die sprachliche Entwicklung von Kindern, ihren Zugang zum späteren eigenen Lesen und den schulischen Erfolg in allen Fächern".

Was der *Vorlesemonitor* auch zeigt: Längst nicht alle Eltern lesen ihren Kindern regelmäßig vor. Fast jedem fünften Kind (19 Prozent) zwischen einem und acht Jahren wird nie vorgelesen. Nimmt man die Kinder dazu, denen selten (einmal pro Woche oder seltener) vorgelesen wird, kommt man schon auf ein gutes Drittel (36,5 Prozent).

Bereits seit 2007 werden Daten zum Thema Vorlesen in Deutschland von der Initiative erfasst (bis 2021 unter dem Namen „Vorlesestudie", seit 2022 als „Vorlesemonitor").

Für die *Vorlesestudie 2020* waren die Ergebnisse ähnlich ernüchternd: 32 Prozent der Eltern lasen selten oder nie vor. Doch in dem Jahr wurden zusätzlich die Gründe dafür abgefragt:
- 27% der befragten Eltern sagten: „Ich finde Vorlesen nicht so wichtig."
- 49% sagten: „Es macht mir nicht so viel Spaß."
- 47% sagten: „Ich bin zu erschöpft und müde."
- Und 49% sagten: „Ich habe keine Zeit dafür."[9]

Und genau hier kommen die Großeltern ins Spiel. Denn vor allem bei den beiden letztgenannten Gründen können Oma und Opa — wenn sie es möchten — große Stützen sein. In vielen Familien, unsere eingeschlossen, sind sie das längst: In der *Vorlesestudie 2015* landeten bei der Frage „Von wem lässt du dir besonders gern vorlesen?" nach Mama und Papa auf Platz 1 und 2 Oma und Opa direkt auf Platz 3 und 4.[10] Das Vorlesen von Oma und Opa führt nicht nur zu allen bereits genannten Vorteilen fürs Kind, sondern darüber hinaus auch zu einem wundervollen Effekt für Enkelkind *und* Oma oder Opa. Denn gemeinsame Geschichtenzeit ist immer auch Beziehungspflege. Groß und Klein kommen zusammen zur Ruhe, kuscheln sich vielleicht aneinander — und entdecken die gedruckten bunten Welten aus den Bilderbüchern, die ersten zusammenhängenden Erzählungen mit Spannungsbogen oder später, wenn das Enkelkind älter ist, richtige Abenteuer, in denen sie gemeinsam die Hauptfiguren bei ihrer Mission begleiten, mitfiebern und mit Spannung dem nächsten Kapitel entgegenblicken können. Das verbindet, sorgt für Gesprächsstoff — und für Vorfreude auf die Fortsetzung.
Dabei müssen Sie, liebe Oma oder lieber Opa, sich übrigens nicht strikt an Buchvorlagen halten: Wenn Sie der Handlung neue Wendungen hinzudichten oder lieber ganz eigene Geschichten erzählen möchten — tun Sie es! Die Vorstel-

lungskraft des Enkelkindes bekommt umso mehr Raum, je weniger von Anfang an vorgegeben ist. Geschichten jeder Art zu hören vermittelt neues Vokabular und verleiht der kindlichen Fantasie Flügel, erst recht, wenn die Bilder dazu erst im Kopf des Kindes entstehen.

Und falls es Ihnen nicht liegt, Abenteuer von Prinzessinnen, Piraten oder Poltergeistern zu erfinden, erzählen Sie einfach die Geschichten, die Kinder ohnehin oft am spannendsten finden: die, die wirklich passiert sind! Gerade Oma und Opa verfügen dabei über eine ganz besondere Schatzkiste, die voller Anekdoten ist, die man in keinem Kinderbuch der Welt nachlesen kann: die eigene Familiengeschichte. Erzählungen aus der Zeit, als Mama oder Papa noch klein waren, Streiche gespielt, Fehler gemacht, Regeln gebrochen und Blödsinn angestellt haben, versetzen Enkelkinder schnell in Staunen. Die Geschichte, wie ich mir als Teenagerin beim Snowboarden beide Handgelenke gleichzeitig brach, kennen unserer Kinder mittlerweile auswendig. Genauso wie die warnende Erzählung vom Opa, in der meine große (damals aber noch sehr junge) Schwester im Urlaub in den Pool fiel — und niemand es bemerkte, außer er selbst, der die Szene vom dritten Stock aus beobachtete. (Wie es weiterging, erzählt er selbst im Kapitel *Großeltern bleiben ruhig*.) Und Omas Geschichten über ihren Hund, der sich schützend zu Papa in die Babywiege legte und ihn später sogar von der Schule abholte, faszinieren unsere Kinder auch beim zigsten Hören. Das Weitererzählen dieser Erinnerungen hält sie lebendig. Und kann — wenn sie nicht gerade in einer Diskussion rund um die Anschaffung eines mindestens genauso tollen Haustieres wie Omas Hund enden — das Zusammengehörigkeitsgefühl der ganzen Familie stärken. Nebenbei verleihen diese ausformulierten Erinnerungen der Beziehung zwischen Eltern und Kind eine ganz neue Perspektive: Auch Mama und Papa waren mal Kinder, so wie ich!

Was mich wieder zur aktuellen Auflage des *Vorlesemonitors* aus dem Jahr 2023 bringt. Der zeigt nämlich auch: Eltern, denen früher selbst vorgelesen wurde, lesen ihren eigenen Kindern häufiger vor. Sie haben zu Hause mehr Bücher und leihen in der Bibliothek öfter weitere für ihre Kinder aus als Eltern, denen in ihrer eigenen Kindheit nicht regelmäßig oder nie vorgelesen wurde. „Vorlesen ist über Generationen hinweg bedeutsam und verbindet die Lebenswelten von Eltern, Kindern und perspektivisch deren Kindern", heißt es in der Studie. Von der gemeinsamen Geschichtenzeit profitieren also nicht nur die Enkelkinder selbst, sondern auch alle zukünftigen Generationen. Einen schöneren Grund, bald wieder zum (Kinder-)Buch zu greifen, kann es wohl kaum geben. (Tolle Tipps zum besonders denkwürdigen Kinderbuch-Vorlesen mit Bitte-bitte-nur-noch-ein-Kapitel-Effekt von einer erfahrenen Oma und Profi-Vorleserin finden Sie auf den nächsten Seiten!) ⚓

Gastbeitrag

Frauke Poolman ist Schauspielerin, Synchron- und Hörfunksprecherin – und Vorleserin. Auf *brooma.de* finden sich alle archivierten Videos aus ihrer Zeit als Märchen-Oma „BroOma".

„Die ganze Welt ist voller Märchen"

Eine Oma, ein Sessel, ein Buch. Das allein scheint nichts Besonderes. Doch diese vorgelesene Geschichte ist nicht nur für die Enkelkinder der Oma gedacht – sondern für alle, die einen Internetzugang haben. Frauke Poolman hat knapp 100 Märchen vorgelesen und sich dabei selbst gefilmt, um ihre Freude an den Geschichten teilen und verbreiten zu können. Ein Gespräch mit der professionellen Sprecherin und digitalen Märchen-Oma übers Vorlesen, die Erwartungshaltung der Kinder – und über ihre besten Tricks fürs perfekte Stimmenverstellen.

Frau Poolman, warum schlägt Ihr Herz ausgerechnet für Märchen?
Weil die ganze Welt voller Märchen ist! Es gibt ja nicht nur die Geschichten der Gebrüder Grimm. Noch heute basieren so viele Geschichten, Filme und andere Adaptionen auf den

Ideen, die es in Märchen schon einmal gegeben hat, der Grundstock ist der gleiche — das finde ich toll.

Warum sind Märchen wertvoll für Kinder?
Weil in ihnen ganz unabhängig von der Moral der Geschichte immer eindeutige Handlungsabläufe beschrieben werden: Ich tue etwas, das hat das und das zur Folge. Das hat eine große Qualität, weil es für Kinder so nachvollziehbar ist.

Kann man alle Kinder für Märchen begeistern?
Ich merke bei meinen jüngeren Enkelkindern, die jetzt sieben und acht Jahre alt sind, wie sehr die Antwort auf diese Frage vom Alter der Kinder abhängt. Früher habe ich oft Märchen vorgelesen. Die waren dann manchmal sogar zu gruselig, und ich habe angefangen, Dinge umzudichten und frei, weniger spannend zu erzählen. Heute ist das nicht mehr nötig. Im Gegenteil: Wenn ich frage: „Was wollen wir lesen?", dann werden keine Märchen mehr herausgezogen. Die sind den Kindern zu altbacken. Dazu kommt die erlernte Erwartungshaltung der Kinder durch die Streaming-Angebote. Da merkt man: Die Kinder warten auf einen Gag, auf Spaß, auf Spannung. Aber die Tollpatschigkeit der Märchenfiguren erfüllt diese Erwartungen nicht mehr. Da schlägt es irgendwann um bei den Kindern, und es heißt beim Vorlesen nur: „Na ja, der ist wohl ein bisschen dumm."

Gastbeitrag

Was ist Ihrer Meinung nach die perfekte Atmosphäre zum Vorlesen?
Das Vorlesen hat meistens etwas Ritualartiges zum Ausruhen und „Runterkommen". Wenn meine Enkelkinder bei mir zu Besuch sind, dann lesen wir ganz konventionell zum Abend hin. Und es gibt das volle Programm: Wir machen schönes Licht, kuscheln uns aneinander an. Ich habe auch eine Dampflampe, aus der kommt dann Wassernebel raus, der wie Rauch aussieht — das lieben sie!

Manche Kinder werden beim Vorlesen unruhig und zappeln viel herum. Passiert das auch einer professionellen Vorleserin wie Ihnen?
Natürlich! Wenn die Kinder mal unruhiger sind, dann lasse ich sie auch herumzappeln. Entweder schaffe ich es durch mein Vorlesen, dass sie ruhiger werden — oder eben nicht. In der Regel klappt es. Aber: Als Oma bin ich nicht jeden Tag zum Vorlesen da, so bleibt es für die Kinder etwas Besonderes. Diese Wirkung darf man nicht unterschätzen.

Viele Kinder lieben es, wenn beim Vorlesen die Stimmen verstellt werden. Aber das fällt nicht jeder und jedem leicht. Gibt es einen guten Trick dafür?
Das Wichtigste ist, sich ein Bild der jeweiligen Figur zu machen. Denn wenn in dem Buch zum Beispiel von einem

„schönen Mann" die Rede ist, dann bedeutet das für mich ja etwas anderes als für eine andere Oma. Deshalb hilft es ungemein, sich als Vorleserin in die Geschichte hineinzufantasieren. Wie stelle *ich* mir diesen Mann konkret vor? Wenn ich dann vor meinem geistigen Auge sehe, wie dieser Mann um die Ecke kommt, dann bekommt meine Stimme ganz automatisch etwas Sanftes. Da kann man auch als Vorlese-Laie mit kleinen Nuancen viel schaffen. Auch in der Tierwelt, in der ja viele Geschichten für Kinder spielen: So ein Bär, der hat von Natur aus etwas Gemütliches. Aber bei einem Wolf, da denke ich an einen Bösewicht, vielleicht gespielt von Jack Nicholson — und schon habe ich immer dieses Bild vor Augen, wenn der Wolf in Erscheinung tritt. Und dann klingt meine Wolf-Stimme am Ende des Buches auch immer noch genauso wie am Anfang.

Funktioniert das auch bei langen Büchern, die man über mehrere Tage oder Wochen liest?
Ja, das machen selbst die Profis so: Spricht man im Studio professionell ein Hörbuch ein, dann liest man in der Regel auch nicht das ganze Buch am Stück. Da fertigt man von Anfang eine Liste an und notiert alles. Zum Beispiel: Auf Seite drei taucht eine Frau auf, die habe ich mir so und so vorgestellt. Wenn diese Frau auf Seite achtzig dann noch einmal auftaucht, kann ich nachschauen, wie ich sie zu Beginn

angelegt habe. Übrigens muss man bei langen Büchern auch keine Sorge haben, wenn man einmal vergisst, an welcher Stelle genau man letztes Mal aufgehört hat: Die Kinder wissen das ganz genau!

Verraten Sie, welches Märchen Ihr liebstes ist?
Da kann ich mich ganz schwer festlegen auf nur eine Geschichte. Gerade neulich habe ich *Das singende, klingende Bäumchen* nachgelesen und hatte sehr viel Freude daran. *Der gestiefelte Kater* zählt auch zu einem meiner dauerhaften Favoriten. Da steckt so viel Kluges drin, und man entdeckt so vieles aus der Geschichte noch heute in unserem Alltag. Im Grunde findet man unsere gesamte heutige Steuerpolitik im *gestiefelten Kater* wieder — das ist erstaunlich! ⚓

Kapitel 5

Großeltern sind verschieden

Großeltern sind verschieden

„Oma zockt, voll cool!"

„Mach dir keine Sorgen, Mama. Der Weihnachtsmann kann das selbst machen! Das ist ja das Tolle am Weihnachtsmann: Der kann alles selbst machen!" Mit diesen Worten untermauerte meine Tochter im vergangenen Jahr ihre Vorfreude auf Heiligabend… Und ich hatte ein Problem. Denn das, was „der Weihnachtsmann" in den Augen meiner noch an ihn glaubenden Tochter so mir nichts, dir nichts selbst machen sollte, war nicht nur ihr größter (und nahezu einziger) Weihnachtswunsch – es war auch etwas, dessen Herstellung *meine* handwerklichen Fähigkeiten ganz eindeutig überstieg und das ich, als das inoffizielle Weihnachtsmann-Substitut dieser Familie, garantiert *nicht* selbst machen konnte.

Aber von vorn: Neben zwei kleinen Lego-Sets befand sich auf dem Wunschzettel der Siebenjährigen, liebevoll gemalt (und zwar deutlich größer als die beiden Lego-Sets) und mit Filzstift wichtig umrandet: ein Kuscheltier. Aber natürlich nicht irgendein Kuscheltier, nein, ein ganz spezifisches. Es war die Stoffvariante einer der Figuren aus den Lego-Sets: eine kleine grüne Schleimfigur (ja, richtig gelesen) mit großen, schwarzen, niedlich dreinblickenden Augen. Ihr großer Bruder hatte für sie online bereits herausgefunden, dass es die Figur tatsächlich als Plüschtier zu kaufen gab! Doch nach ausführlicher Recherche meinerseits stellte sich heraus: Hier in Deutschland war dieses sehr spezielle Stofftier nicht erhältlich, einzig eine australische Seite bot die Figur zum Kauf an – und versendete auch nur innerhalb Australiens. Ja, es waren in den vergangenen Wochen zwei, drei der Stofftiere bei eBay aufgetaucht, die auch nach Deutschland hätten versendet werden können. Aber selbst wenn ich mich bereit erklärt hätte, die freche Summe von 70 bis 80 Euro (!) zuzüglich Porto aus dem Ausland für ein STOFFTIER zu zahlen, hätte ich keine Chance gehabt: So schnell wie die Anzeigen online waren, war die Plüschvariante der grünen Lego-Figur auch schon verkauft.

Um die Enttäuschung an Heiligabend so gering wie möglich zu halten, wollte ich meine Tochter nun vorwarnen. Also erklärte ich ihr, dass der Weihnachtsmann es vermutlich nicht schaffen würde, so ein Stofftier von Australien hierher zu bringen (der hat ja schließlich genug Kilometer zu absolvieren in dieser Zeit, wenn er allen Kindern auf der ganzen Welt ihre Geschenke bringen muss!). Und wenn nicht einmal mehr eBay eine gebrauchte Version des Wunschobjektes anbiete, ja, dann sei selbst der Weihnachtsmann machtlos, erklärte ich meiner Siebenjährigen selbstbewusst.

Womit wir wieder beim Anfang dieses Textes wären: „Mach dir keine Sorgen, Mama. Der Weihnachtsmann kann das selbst machen", hallte es in meinen Ohren wider. Ich wollte so gern noch ein, zwei Jahre die Legende vom Weihnachtsmann aufrechterhalten — aber wie? Ich hatte die Wahl: Entweder ich sagte ihr hier und jetzt die entzaubernde Wahrheit über den liebsten Mythos aller Kinder. Oder aber ich ließ sie weiter an die wunderbare Geschichte vom rauschebärtigen Geschenkebringer glauben — die dann jedoch spätestens unterm Weihnachtsbaum in einer großen Enttäuschung gipfeln würde. Bis mein Sohn, für den bereits klar war, dass die Weihnachtsgeschenke das Werk von Eltern und Großeltern sind, auf die rettende Idee kam: „Weißt du, Mama, Oma kann das bestimmt *wirklich* selbst machen!" Ich wusste sofort, welche Oma er meinte. Meine Mutter ist schon immer sehr kreativ gewesen. Sie liebt es zu malen, mit Ölfarben und auf Leinwand, auf Keramikschalen oder Tonfiguren (gern ebenfalls selbst gemacht), auf Seidentüchern oder auf am Strand gesammelten Steine. Sie hat den Kindern zur Geburt wunderschöne Pullover, Pullunder, sogar ganze Decken selbst gestrickt, tut dasselbe noch heute für uns erwachsene (Schwieger-)Kinder mit „Kuschelsocken" in Größe 40 und 45. Sie häkelt und bastelt und gestaltet für ihr Leben gern — und am liebsten gemeinsam mit den Enkelkindern, wenn diese zu Besuch sind. Dann bekomme ich Fotos von unseren Kindern mit Pinsel in der Hand und Farbflecken im Gesicht aufs Handy geschickt; aufgenommen, während sie stolz ihre eigenen Kunstwerke zaubern. Oder die Überra-

schung landet einige Tage später bei uns im Briefkasten, in Form von selbst gestalteten Postkarten. Von meiner Mutter haben beide Kinder eine *Strickliesel* geschenkt bekommen (und die persönliche Einführungslektion in die Arbeit mit selbiger direkt dazu — ein weiteres Beispiel für die schönen Dinge ab Seite 76 in diesem Buch, die Enkelkinder von ihren Großeltern lernen können). Zusammen mit meiner Mutter haben meine Kinder vermutlich häufiger gemalt, gebastelt, genäht oder sich anderweitig künstlerisch betätigt als im Kunstunterricht der Grundschule. Und auf jeden Fall häufiger als mit mir (denn keine der kreativen Tätigkeiten, die ich in diesem Absatz aufgezählt habe, beherrsche ich auch nur ansatzweise). Gemeinsam mit meiner Mutter haben meine Kinder unzählige Stunden an kreativer Zeit miteinander verbracht — und dabei nicht nur große und kleine Kunstwerke, sondern ganz sicher auch jede Menge wundervolle Erinnerungen erschaffen.
In den Augen der Kinder ist diese Oma eine Do-it-yourself-Meisterin. Gerade

Großeltern sind verschieden

letzte Woche (ein halbes Jahr nach dem „Weihnachtsproblem") trat ihr Enkelsohn mit einem „Sonderwunsch" an sie heran: Auch er wünschte sich ein besonderes Stofftier, die Figur aus seinem Lieblings-Computerspiel. Ob Oma vielleicht wisse, wie man so etwas selbst machen könne, fragte er in einer sehr höflichen (und sehr hoffnungsvollen) Sprachnachricht via WhatsApp. Oma meldete sich direkt zurück: Natürlich, das könne sie häkeln! Welche Farbe solle der Körper denn haben? Blau sei klar, aber welches Blau (zur Auswahl wurde direkt eine Farbpalette mit Nummern geschickt)? Wie groß solle die Figur werden? Und ganz wichtig: Wie heiße diese Figur eigentlich? Denn mit etwas Glück, das weiß meine Mutter mittlerweile, findet man mithilfe des Namens in den Weiten des Internets bereits erprobte Häkelanleitungen

zum Download, die bei der Umsetzung der Wunschidee sehr helfen. Und wenn sie sich das nächste Mal sehen, das steht jetzt schon fest, werden Oma und Enkel gemeinsam die restlichen Details des Häkelprojektes planen. Nach diesem Austausch via WhatsApp blieb ein strahlender Zehnjähriger zurück, von Kopf bis Fuß – und ganz ohne Weihnachtsmann-Mythos – voller Vorfreude auf sein selbst gemachtes (und dadurch einzigartiges) Kuscheltier.

Die andere Oma häkelt nicht. Ich glaube, sie strickt und näht, malt und töpfert auch nicht – zumindest habe ich es seit unserem Kennenlernen vor rund 16 Jahren nicht erlebt, dass sie einer dieser Tätigkeiten jemals nachgegangen wäre. Mit den beiden oben beschriebenen Stofftieren kann diese andere Oma, meine Schwiegermutter, dennoch etwas anfangen. Ziemlich viel sogar. Sie hätte zum Beispiel sofort gewusst, dass die grüne Schleimfigur Z-Blob heißt (und das man das mit einem weichen „Si" am Anfang ausspricht). Sie hätte außerdem zuordnen können, dass Z-Blob zu einer Lego-Figur namens Mateo gehört und dass der wiederum eine Schwester namens Izzie hat (beides Informationen, die ich für diesen Text gerade nachschlagen musste). Meine Schwiegermutter hätte vermutlich auch gewusst, dass die blaue Computerspielfigur, von der ihr Enkelsohn in der Sprachnachricht an die andere Oma erzählte, Squeak heißt. Und auf jeden Fall hätte sie gewusst, dass Squeak Teil des Computerspiels *Brawl Stars* ist — denn sie hat sich die zugehörige App selbst auf ihr Tablet heruntergeladen. Ja, richtig gelesen: Meine 72-jährige Schwiegermutter spielt zusammen mit meinem Sohn (oder vielleicht auch gegen ihn, so genau weiß ich das gar nicht) *Brawl Stars*. Oder, um es mit den Worten des Zehnjährigen zu sagen: „Oma zockt, voll cool!" Natürlich zockt Oma nicht, weil es ihre große Leidenschaft ist, farbenfrohe computeranimierte Spielfiguren per Knopfdruck gegeneinander kämpfen zu lassen. (Zumindest kann ich mir das nur bedingt vorstellen.) Sie zockt, um ihrem Enkelsohn eine Freude zu machen. Um Dinge gemeinsam mit ihm zu erleben. Um zu verstehen, was ihn begeistert, womit er seine Zeit verbringt, in welchen Themenwelten er sich bewegt und vor allem: um sich selbst darin auszukennen und mitreden zu können, zumindest ein wenig. Und ich muss neidlos zugeben: Nicht nur im speziellen Fall von *Brawl Stars* hat sie uns Eltern da einiges voraus. Als unser Sohn in der Grundschule anfing, sich für das Schachspielen zu begeistern, hat sie — die noch nie eine Partie gespielt hatte — extra einen Schachkurs besucht, um ihn herausfordern zu können. Als beide Enkelkinder die Welt von *Minecraft* für sich entdeckten, war sie die Erste von uns Erwachsenen, die sich über die spielinterne digitale Währung informierte und wusste, wo man diese erhalten (und dann auch einlösen) kann. Und nie vergessen werde ich das Bild, wie sie

gemeinsam mit ihrer Enkeltochter auf dem Kinderzimmerboden saß und sich von ihr geduldig, eine Spielfigur nach der anderen, die gruseligen Kreaturen aus der Monster-Welt des Spielzeugherstellers Schleich namentlich vorstellen und mit ihren individuellen Fähigkeiten erklären ließ. Ich stand eine Weile im Türrahmen und beobachtete fasziniert die Szene — bis ich irgendwo zwischen gruseligem Schattenwolf, zweiköpfigem Höllenhund und gewaltigem Dschungelungeheuer das Weite suchte; dankbar, dass *ich* es nicht war, von der gerade erwartet wurde, sich diese Dinge zu merken. Die Bereitschaft meiner Schwiegermutter, sich mit all diesen Dingen auseinanderzusetzen, ja, sich richtig in diese Welten hineinziehen zu lassen, sorgt dafür, dass sie immer über die Sammel- und Spielleidenschaften ihrer Enkelkinder informiert ist. Und so auch ganz genau weiß, welche Lego-Figur in der Sammlung fehlt, welches Stofftier gerade angesagt ist und ob von den Schleich-Kreaturen lieber die Schattenfledermaus oder doch der Lavadrache unterm Weihnachtsbaum liegen sollte. Nicht selbst gemacht. Aber mit sehr viel Überlegung und noch mehr Liebe selbst ausgewählt.
Und wo ich nun gedanklich wieder unterm Weihnachtsbaum bin: Ich schulde Ihnen ja noch das Ende der Geschichte rund um die Oma, die nicht zockt, aber häkelt, und die Schleimfigur namens Z-Blob! Also: Ich schilderte meiner Mutter tatsächlich das Problem, schickte ihr Fotos

Großeltern sind verschieden

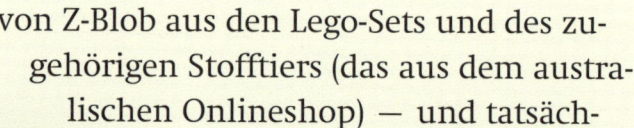

von Z-Blob aus den Lego-Sets und des zugehörigen Stofftiers (das aus dem australischen Onlineshop) — und tatsächlich: Innerhalb weniger Tage häkelte meine Mutter einen Plüsch-Z-Blob, der natürlich aus anderem Material bestand als der Z-Blob auf den Fotos, und demnach auch auf den ersten Blick eine andere Struktur aufwies als der maschinell hergestellte, der aber dennoch (oder eher: gerade deshalb!) unterm Weihnachtsbaum für Freudenschreie sorgte: „Siehst du, Mama!! Ich hab es doch gesagt: Der Weihnachtsmann hat den selbst gemacht! GUCK DOCH! Alles selbst gemacht!" Das Stofftier wurde ihr Lieblingsgeschenk, sie ließ es tagelang nicht aus den Augen und schleppt es noch heute regelmäßig mit in die Schule, in den Hort und natürlich auch mit zu Übernachtungen bei Oma und Opa.

Das Geheimnis, dass dieses Lieblingsgeschenk in Wahrheit das aufwendige Werk ihrer Oma ist, konnten wir unserer Tochter gegenüber bislang wahren. Beim Weihnachtsessen am Tag nach der Bescherung fragte nur mein Sohn meine Mutter leise: „Den hast du gemacht, Oma, oder?" Sie nickte ihm zu und legte dann einen Finger auf die Lippen. Wer braucht schon einen Weihnachtsmann, wenn es solche Großeltern gibt?

Ich weiß: Meine Schwiegermutter freut sich mit ihrer Enkeltochter genauso sehr über den selbst gehäkelten Z-Blob wie meine Mutter sich mit ihrem Enkelsohn, wenn dieser mit leuchtenden Augen davon berichtet, wie Oma und er *Brawl Stars* gespielt haben — auch wenn es die jeweils andere Oma ist, der die Lorbeeren für die kindliche Freude gebühren. Was vermutlich daran liegt, dass die eine gar nicht häkeln (und damit den Wunsch nach individuellen Stofftieren erfüllen) kann und der anderen die Geduld fehlt, sich in ein Computerspiel für Grundschüler hineinzufuchsen — und beide froh und dankbar darüber sind, dass es die jeweils andere Oma tut.

Doch natürlich existieren zahlreiche Familien, in denen die Großeltern sich nicht derart harmonisch ergänzen. In denen die jeweiligen Talente und Eigenschaften der oder des anderen (und die damit einhergehenden Erlebnisse mit dem Enkelkind) für Neid, Eifersucht und Konflikte untereinander sorgen. Genau um dieses Thema geht es auf den kommenden Seiten. ⚓

Wie Großeltern einander ergänzen können (ganz ohne Eifersucht)

Als Mama und Papa ist man einzigartig. Den Status „Oma" oder „Opa" muss man in der Regel teilen. Und selbst wenn man „die andere Oma" oder „den anderen Opa" noch so gern hat: Durch die überwältigende Liebe zum Enkelkind kann diese Konstellation auch Konflikte mit sich bringen. Und viele Fragen: Ist es normal, eifersüchtig auf die anderen Großeltern zu sein? Wie verhalte ich mich richtig, wenn es verschiedene Meinungen zu Themen rund um unser gemeinsames Enkelkind geht? Und: Was mache ich, wenn mein Enkelkind eine „Lieblingsoma" oder einen „Lieblingsopa" hat — und das nicht ich bin? Diese Fragen habe ich schon vor einigen Jahren der Hamburger Familientherapeutin Claudia Hillmer gestellt. Sie ist Expertin, wenn es um das Thema Beziehungen geht, und berät Familien, Patchworkfamilien, Paare, Kitas und Schulen. Auf Basis unseres Gesprächs habe ich damals einen Artikel für *Enkelkind.de* geschrieben. Auf der Website gehört er seit seiner Veröffentlichung 2018 jedes Jahr wieder zu den meistgelesenen Beiträgen. Deshalb war es mir wichtig,

dass das Thema „Eifersucht unter Großeltern" auch einen Platz in diesem Buch findet. Mit der Erlaubnis von Claudia Hillmer veröffentliche ich den Text mit ihren Ratschlägen daher nun auch hier. Er beginnt mit einem Szenario, das ich mir für unser damaliges Gespräch zuvor ausgedacht hatte. Und endet mit dem guten Gefühl, dass es im Leben (und im Herzen) eines jeden Enkelkindes genug Platz für alle Großeltern gibt.
Aber lesen Sie selbst:

Renate ist sauer. Vor zwei Wochen hatte sie ihrem Enkel Lukas ein neues Spielzeugauto gekauft. Ein blau-weißes mit dem Schriftzug POLIZEI darauf. Genau so eins hatte Lukas sich gewünscht. Er war ausgerastet vor Freude, war seiner Oma um den Hals gefallen und hatte das Auto keine Sekunde mehr aus der Hand gelegt. Heute ist Renate wieder zu Besuch bei ihrem Sohn, dessen Frau und natürlich ihrem Enkel Lukas. Das Auto liegt in der Ecke. In Lukas' Hand: ein anderes Polizeiauto. Größer. Mit echtem Licht. Und Sirene. So etwas hatte das Auto von Renate nicht. „Wo hast du das denn her?", möchte Renate wissen. „Oma Inga!", strahlt Lukas, und lässt die Sirene ertönen. War ja klar, denkt Renate, und zieht die Stirn in Falten.
Die schon wieder!

Großeltern sind verschieden

„Wenn Eltern zu Großeltern werden, werden sie von unglaublichen Gefühlen überrascht", erklärt Claudia Hillmer, Familienberaterin in Hamburg. „Enkel-Bindungs-Hormondusche" nennt sie dieses Phänomen. Und gibt zu bedenken: „Natürlich empfindet man da als Oma Eifersucht, wenn sich die andere Seite vordrängt. Das ist eine sehr normale Reaktion."
Kindermund tut Wahrheit kund, heißt es. Und die kann wehtun. Ein von Lukas unbedachtes „Oma Renate hab ich am allerliebsten!" versetzt Oma Inga einen Stich. Der Griff in die Geschenke-Kiste ist oft die einfachste (und durchaus nachvollziehbare) Reaktion: Die Oma mit den größeren, tolleren, besseren Geschenken hat beim Enkel natürlich sofort einen Pluspunkt. Doch selbst wenn dieses Geschenke-Wettrüsten das Enkelkind kurzfristig zum Strahlen bringt: Die Beziehung zur anderen Oma wird dadurch natürlich nicht besser. Claudia Hillmer rät, Gefühle zuzulassen – die des Enkels und auch die eigenen. Dem Kind einzureden, es müsse alle Menschen gleich lieb haben, ist nicht der richtige Weg: „Zuallererst muss ich die Gefühle meines Enkelkindes ernst nehmen: Natürlich darf es eine Lieblingsoma haben! Doch dann sollte ich mich selbst fragen: Was macht das mit mir? Welche Beziehung möchte ich zu meinem Enkel führen? Und welche zu der anderen Oma? Und für all diese Fragen sollte man sich Zeit nehmen."
Der erste Schritt ist gar nicht so leicht: dem Kind die eigene Meinung lassen. Denn oft wird diese in übertriebene Worte verpackt: „OMA INGA DARF HIER NICHT REIN, DIE IST DOOF!", brüllt Lukas.

Dabei dachte er vielleicht einfach nur, dass heute die andere Oma zu Besuch kommt und hat sich auf deren Vorlesen gefreut. „Kinder drücken ihre Gefühle – in diesem Fall Lukas' Enttäuschung – oft sehr direkt aus", erläutert Claudia Hillmer. „Das verletzt in diesem Moment natürlich. Wenn man sich aber in Lukas' Lage versetzt, ist seine Reaktion verständlich. Wichtig ist, in einer solchen Situation nicht auf die gesagten Worte einzusteigen. Sonst verlieren Sie sich in einer Diskussion darüber, ob man andere als doof bezeichnen darf oder nicht." Doch darum geht es hier nicht: „Als Oma wünscht man sich eine nahe und innige Beziehung", fährt die Familienberaterin fort, „und das ist etwas anderes als eine höfliche Beziehung."
Dennoch: Diese Situation bleibt für Lukas und für Oma Inga schwierig. Claudia Hillmer empfiehlt: „In so einem Moment Nähe aufzubauen wäre möglich, indem die Oma Lukas' Gefühle anerkennt und ihm zum Beispiel sagt: ‚Oh, du dachtest, Renate kommt, und bist enttäuscht.' Damit fühlt sich Lukas gesehen und kann sich dann bald wieder auf Inga einlassen."
Oma Renate kann toll Bücher

Großeltern sind verschieden

vorlesen. Sie verstellt die Stimme und zieht manchmal sogar Grimassen dabei. Lukas strahlt und lacht und will direkt noch ein Buch lesen. An so eine Vorlese-Performance wird Inga nie herankommen. „Rätseln und vor allem ärgern Sie sich nicht darüber, warum der anderen Oma das so leicht fällt. Fragen Sie sich, was SIE gern und mit Leidenschaft machen", rät die Expertin. Die andere Oma kann die tollste Vorleserin der Welt sein – das bedeutet nicht, dass Sie ihr nacheifern müssen. „Vielleicht sind Sie die Oma, die tolle Waldspaziergänge mit ihrem Enkel macht und dabei aufregende Sachen entdeckt", schlägt Claudia Hillmer vor. „Finden Sie etwas, das Sie selbst lieben, und machen Sie es gemeinsam mit Ihrem Enkel. Dann überträgt sich die Leidenschaft ganz automatisch, und die Beziehung zum Enkelkind kann wachsen." Die Familienberaterin wählt bewusst den Begriff „wachsen": „Eine Beziehung sollte man nicht erarbeiten", erklärt sie, denn da sei das Geschenke-Wettrüsten vorprogrammiert: „Und dann endet's im Spielzeugauto mit Sirene." Sich als Omas zu ergänzen und nicht zu konkurrieren – das ist die bestmögliche Konstellation. Dann kann eine Oma die mit den aufregenden Abenteuer-Ausflügen in die Natur sein und die andere die weltbeste Vorleserin. Oder die Oma, die in den Zirkus einlädt und Popcorn und Eis spendiert. So hat jeder sein „Gebiet", und alle Seiten gewinnen, auch das Enkelkind.
Wenn man auch die Beziehung zur anderen Oma verbessern will, ist es Zeit für ein Gespräch. Bleibt die Frage, wie man das am besten hinbekommt. „Natürlich fällt es schwerer, die Beziehung zur anderen

Oma wachsen zu lassen als die zum eigenen Enkelkind", räumt Claudia Hillmer ein. „Doch man kann auch viel dabei lernen. Ein Gespräch ist immer ein guter Weg. Fragen Sie die andere Oma, wie es ihr mit der Situation geht. Schlafen Sie über die Antwort. Und schlagen Sie einfach einmal einen Oma-Oma-Enkel-Ausflug vor, bei dem Sie alle drei etwas Tolles erleben. Denn wenn Sie alle gemeinsam eine gute Beziehung aufbauen, wird die Gewichtung zwischen der einen und der anderen Oma automatisch viel weniger relevant."[11]

So weit der Blick der Expertin auf die Beziehung zum Enkelkind aus Sicht der Großeltern. Was nun noch fehlt, ist ein Perspektivwechsel: Wie erleben es eigentlich die Kinder selbst, wenn Sie ganz verschiedene Omas und Opas in ihrem Leben haben? Das berichtet auf den nächsten Seiten meine Freundin und Kollegin Eva. Sie muss es wissen: Denn sie ist mit insgesamt sechs Großeltern groß geworden! ⚓

Gastbeitrag

Eva Gardé ist Jahrgang 1982, Mutter von zwei Jungs und Mitbetreiberin des Großelternportals *Enkelkind.de*. Sie hatte aufgrund der Scheidung ihrer Großeltern sogar drei Omas und drei Opas.

Vom großen Glück, dass Großeltern nie gleich sind

Filme oder Bücher beschreiben Eltern meist als ein Paar aus Mann und Frau, die ein oder mehrere Kinder bekommen. Und diese haben dann von Geburt an zwei Großelternpaare (sofern alle noch leben).
So klassisch geht es aber in den meisten Fällen und Familien gar nicht zu. Denn Familien sind unterschiedlich. Sehr unterschiedlich. Ich selbst war durch die Scheidung meiner Großeltern mit drei Omas und drei Opas gesegnet. Ja, Sie haben richtig gelesen: Die Scheidung meiner Großeltern, nicht die meiner Eltern (die sind seit über 40 Jahren verheiratet). Als Kind war dies oft erklärungsbedürftig, besonders für andere Kinder. „Wie, warum hast du denn drei Omas?" In den 80ern und 90ern waren Scheidungen in der damaligen Großelterngeneration eine Seltenheit, und unsere Familien-

konstellation war für Außenstehende oft ein großes Rätsel. Heute ist das aus meiner Sicht keine Frage mehr, da durch viele unterschiedliche Patchworkmuster alle möglichen Familienkonstellationen bekannt sind.

Meine Mutter war damals noch das einzige Scheidungskind in der Klasse. Meine Oma fand einen neuen Mann, den sie heiratete. Auch Opa heiratete nach vielen Jahren eine neue Frau. So trafen sich an Weihnachten oder Geburtstagen immer drei Großelternpaare in unserem Wohnzimmer oder im Restaurant.

Ich als Enkelkind fand das natürlich super. Mehr Großeltern bedeutete zum einen mehr Geschenke an Geburtstagen. (An Weihnachten auch, aber die kamen ja bekanntlich vom Weihnachtsmann…) Es bedeutete aber auch, dass ich mehr Auswahl hatte, mit wem ich Zeit verbringen wollte.

Früh wusste ich die Vorteile dieser besonderen Situation zu schätzen. Denn Omas und Opas sind unterschiedlich – so unterschiedlich wie Menschen eben sind. Oma Maria und Opa Josef (ja, die Namenskombination fand ich als Kind immer urkomisch) hatten ein großes Haus in der Vorstadt mit einem großen Garten. Dort traf ich immer alle Cousinen und Cousins, und wir hatten zusammen ziemlich viel Spaß. Bei ihnen war in meiner Erinnerung immer Trubel; viele Kinder, ein voller Esstisch mit leckerer Hausmannskost. In den insgesamt drei Etagen spielten wir alle zusammen Verstecken,

und ich sah in ihrem Wohnzimmer das erste Mal mit ganz viel Aufregung den Film „E.T. — Der Außerirdische". An Omas selbst ausgedachte Gutenachtgeschichten, die sie uns in „unserem" Gästezimmer oben unter dem Dach vorlas, kann ich mich noch genau so gut erinnern wie an ihren lustigen Wecker, der nicht nur aussah wie ein Huhn, sondern morgens auch in einer vergleichbaren Melodie gackerte.
Opa hingegen war ein intellektueller Sammler. Er saß oft in seinem Büro, versteckt zwischen unzähligen Papieren und Unterlagen. Und er hatte immer einen flotten Spruch auf den Lippen. Die Omas im Altersheim später liebten ihn. Ganz besonders bleibt die Erinnerung daran, dass die beiden uns einmal zu einer Reise ins Disneyland einluden. Ein echtes Abenteuer, das noch viel aufregender wurde, als mein Opa mit meiner Schwester auf der Looping-Achterbahn stecken blieb.
Opa Rudi war viele Jahre ein geschiedener Single. An ihn habe ich vor allem kulinarische Erinnerungen: Mit ihm trafen wir uns regelmäßig zum Waffelessen. Unser Ritual war es, im Rentner-Café eine riesige Portion Waffeln mit Eis, Sahne und heißen Kirschen zu essen. Waffeln sind seitdem (und vielleicht deshalb immer noch) eine meiner Lieblingsnachspeisen. Seine neue Frau Elisabeth, die später in unser Leben kam, verwöhnte uns regelmäßig mit ihrem leckeren polnischen Essen: Bei ihr aß ich das erste Mal Piroshki. Wir

gingen nie ohne ein großes Paket an Resten nach Hause und mussten die nächsten Tage nicht mehr kochen.

Mit Abstand die meiste Zeit verbrachte ich mit meiner Oma Thea und somit auch mit ihrem neuen Mann Karl, den ich mit absoluter Selbstverständlichkeit ebenfalls als Opa ansah und auch so nannte. Zu Oma Thea hatte ich eine ganz besondere Beziehung und eine sehr enge Verbindung, die gar nicht richtig in Worte zu fassen ist. An sie habe ich unzählige und richtig schöne Erinnerungen. In ihrer kleinen Wohnung mitten in der Stadt kochte sie mir immer den besten Spargel der Welt — mit Pfannkuchen. Bei ihr durfte ich Malzbier trinken und bekam Fruchtzwerge, Milchschnitte und Puffreis (alles Dinge, die zu Hause nicht oft gekauft wurden). Jeden Abend bei den vielen Übernachtungen bekam ich liebevoll klein geschnittene Äpfel mit Tee und viele Kraul-Einheiten, während wir bei Florian-Silbereisen-Sendungen zu den Kastelruther Spatzen schunkelten. Noch heute — auch wenn sie meinem Musikgeschmack nicht ferner sein könnte — lässt mich Volksmusik nos-

talgisch in Erinnerungen zurück. Oma Thea las mir fast jeden Wunsch von den Augen ab. Mit ihr konnte ich alles besprechen. Sie kaufte mir meinen ersten BH und kleidete mich gerne mit neuen Klamotten ein. Mein geduldiger Opa fuhr uns zu zahlreichen Ausflügen ins Schwimmbad oder an die Mosel und trug zu meiner kindlichen Freude dabei immer extra eine Chauffeur-Mütze.
Unsere Beziehung war so eng, dass ich bis in meine Zwanziger regelmäßig und gerne bei ihnen übernachtete. Damals in der Matratzenritze vom großen Oma-und-Opa-Bett. Später auf der Ausziehcouch im Gästezimmer. Einmal, als ich noch kleiner war, tanzte Opa mit Omas Nachthemd, so als wäre das Kleidungsstück seine Tanzpartnerin, und in meiner Erinnerung war das damals das Lustigste, was ich je in meinem ganzen Leben gesehen hatte.
Ich bin ehrlich: Wenn mir jemand gesagt hätte, ich könne nur eine Oma oder einen Opa mit auf eine einsame Insel nehmen, hätte ich in jedem Fall und ohne nachzudenken (und mit nur ein bisschen schlechtem Gewissen den anderen Großeltern gegenüber) meine Oma Thea gewählt. Ein Fakt steht für mich aber auf jeden Fall fest: Alles, was ich mit meinen Großeltern erlebt und erfahren habe, ist ein bunter Strauß an Erinnerungen, die mir bis heute im Gedächtnis geblieben sind. Und bei allen Großeltern wusste ich immer, woran ich war und wen ich bei welchem Problem am besten

ansprechen oder mit
wem ich welche Erlebnisse am besten teilen konnte.
Ich schätzte ihre Unterschiedlichkeiten, denn keine Begegnung glich der anderen. Je nachdem, bei wem ein Ferienbesuch geplant war, freute ich mich entweder auf die versprochene D-Mark jeden Morgen für das Süßigkeitentütchen am benachbarten Kiosk oder auf „Verkäuferin-Spielen" mit der großen Sammlung an Stöckelschuhen und Goldketten aus Omas Kleiderschrank.
Egal also, ob ein Enkelkind ein, zwei, drei, vier oder auch mehr Großeltern hat: Sie alle tragen mit ihren Eigenschaften, ihren Leidenschaften, ihren Talenten und Ideen dazu bei, dass das Enkelkind mehr Facetten von der Welt und verschiedene Arten kennenlernt, das Leben zu leben und zu genießen. Und daraus wiederum entstehen Erinnerungen,

Gastbeitrag

an die man später immer wieder zurückdenken kann. Jede davon ist individuell und besonders. Und alle zusammen prägen das Leben dieses Enkelkindes.

So erlebe ich es auch mit meinen eigenen Kindern. Denn auch sie haben Großeltern, die sehr unterschiedlich sind: Meine Kinder genießen auf der einen Seite auf dem Land die große Werkstatt von Opa, in welcher man so toll Holzschwerter bauen kann, und dazu die Bastelnachmittage mit Oma. Und auf der anderen Seite freuen sie sich auf viele Runden *Rummikub* in der Großstadtwohnung und auf die Besuche im städtischen Schwimmbad. Und beides finden sie super — auf eine ganz unterschiedliche Art. ⚓

Kapitel 6
Großeltern bleiben ruhig

„Sie schläft nicht ohne ihr Tragetuch!"

„ES MUSS DOCH HIER IRGENDWO SEIN!", brüllte ich. Aber nur in Gedanken, damit ich meinen Sohn im Zimmer nebenan nicht weckte. Und damit das Baby im Erdgeschoss, das noch immer wach war, von meiner Panik nichts mitbekam. Denn Babys spüren so was ja, heißt es (und weiß ich), und das wäre in der aktuellen, sehr misslichen Lage, in der ich mich befand, alles andere als zuträglich.

Das Baby war meine Tochter, und heute übernachtete sie zum ersten Mal gemeinsam mit mir und ihrem großen Bruder bei ihren Großeltern. Zumindest war das der Plan. Ich hatte es mir so wundervoll ausgemalt: Während meine Eltern meinem mittlerweile Dreijährigen etwas vorlesen und ihn beim Einschlafen begleiten würden, so wie sie es schon häufig getan hatten, würde ich seine kleine Schwester zum Schlafen bringen – und morgen früh würden wir dann alle gemeinsam direkt nach dem Frühstück zum Strand gehen, denn romantischerweise wohnen meine Eltern fußläufig zur Ostsee, und meine sechs Monate alte Tochter würde mit ihren kleinen süßen Babyfüßen zum ersten Mal den Sand erspüren und ganz bald müde von der frischen Luft werden. Dann würde sie einen ausgedehnten Mittagsschlaf im Kin-

derwagen machen, während ihre Großeltern, ihr Bruder und ich uns eine Portion Pommes im Strandkorb gönnen, eine Sandburg bauen oder vielleicht sogar einen Zeh in das kalte Meerwasser halten würden.
Doch es sollte nicht sein. Denn in all der Aufregung vor dem allererste Übernachtungsausflug mit zwei Kindern hatte ich das Tragetuch zu Hause vergessen. Das Tragetuch, ohne das bei meiner Tochter an Schlaf nicht zu denken war. Das Tragetuch, das nicht einfach nur eine Geheimwaffe war, um sie zum sanften Einschlummern zu bewegen — nein, es war schlicht und ergreifend die einzige Option, um sie *überhaupt* zum Schlafen zu bekommen! Jetzt war es bereits nach 21 Uhr, mein Sohn schlief natürlich schon, und seine Schwester müsste das auch längst tun, aber wie sollte das gehen ohne das Tragetuch, das im 100 Kilometer entfernten Hamburg lag?
„Ihr versteht das nicht, sie schläft einfach nicht ein ohne das Tragetuch!", hatte ich meinen Eltern bereits zigfach erklärt und es auch genau so gemeint, „Ich habe doch schon alles probiert!". Tatsächlich entsprachen meine verzweifelten Schilderungen der Wahrheit: In unserer Dreizimmerwohnung stapelten sich die Spieluhren mit Schlummerliedern und andere Einschlafhilfen, ich hatte Kuscheltiere mit „Herzschlag" ausprobiert, deren Bauch sich im Takt einer nachgeahmten Atmung sanft auf- und abbewegte, auch

einen Lichtprojektor, der das gesamte Sternensystem an die Zimmerdecke projizierte, besaßen wir bereits. Sogar eine App, die sogenanntes weißes Rauschen abspielte, hatte ich heruntergeladen. Doch es half alles nichts: Meine Tochter schlief einzig und allein mit Körperkontakt ein, aber nicht etwa liegend auf oder neben mir, sodass ich dabei auch ein Nickerchen hätte machen können, oh nein: Einzig durch monotones Auf-und-ab-Gehen konnte ich sie, während sie in der Babytrage langsam immer schwerer wurde, zur Ruhe bringen. Bevorzugt übrigens bei laufender Dunstabzugshaube in der Küche oder alternativ im Badezimmer — während die Dusche lief.

„Es geht wirklich nicht anders", hatte ich noch ein letztes Mal wiederholt, bevor ich meine Tochter meinem am Esstisch sitzenden Vater in den Arm gedrückt hatte, und in die obere Etage gerannt war. Hatte ich nicht vor zwei Jahren ein aussortiertes Tragetuch für den „Notfall" hiergelassen? Einen Notfall wie diesen! Doch, ich war ganz sicher: Es schnitt mir an den Schultern so sehr ein, deshalb hatte ich ja das neue gekauft und das alte mit hierhergebracht. Und für diesen Augenblick wäre es eine mehr als willkommene Notlösung, selbst wenn es mir die Schultern blutig scheuern würde. Es musste hier irgendwo sein, es MUSSTE einfach! Doch ich suchte und suchte und musste mich endlich der harten Wahrheit stellen: Es. War. Nicht. Da.

Während ich nun die Treppenstufen langsam zurück ins Erdgeschoss hinunterschlurfte, ging ich in Gedanken die Optionen durch, die mir blieben. Könnte ich nicht aus einem T-Shirt meines Vaters, das groß genug war, ein Provisorium bauen? Eine Art Ersatz-Tragetuch, das wir irgendwie um meine Tochter herumknoten könnten, damit ich sie darin zum Schlafen brachte? Aber dann wäre ihr Kopf auch unter dem Stoff, bekäme sie noch genug Luft? Und was, wenn die Knoten nicht hielten? Ich könnte natürlich mit dem Auto meiner Eltern nach Hamburg fahren und das Tragetuch einfach holen, um diese Uhrzeit waren die Straßen immerhin frei — aber dann wäre ich erst in frühestens zwei Stunden zurück, bis dahin würde meine Tochter meinen Eltern vor lauter Müdigkeit die Ohren wund gebrüllt haben. Wie lange kann so ein Baby eigentlich schreien, ohne einzuschlafen? Nein, es kam nicht in Frage, dass wir das heute herausfinden würden. Auf keinen Fall wollte ich, dass sich ihre erste Übernachtung bei Oma und Opa als katastrophale Erfahrung für uns alle entwickelte. Und wenn ich einfach abreiste und sie mitnahm? Mein Sohn könnte morgen mit meinen Eltern zum Strand gehen, meine Tochter und ich würden ihn im Laufe des Tages wieder abholen… Dann wären wir zwar nicht beim geplanten Tag am Meer dabei, aber immerhin bliebe diese Nacht auch niemandem als „der Horrorabend mit dem plärrenden Baby" in Erinnerung.

Ja, ich war mir nun sicher: So würden wir es machen. Ich verzichtete auf den Strandtag, aber ersparte meinen Eltern (und mir) eine Nacht voller Gebrüll — und sie könnten morgen einen schönen Tag mit ihrem Enkelsohn verbringen. Sie würden enttäuscht sein, wenn ich ihnen meine Entscheidung gleich mitteilte, das war ich auch. Aber es war die beste Lösung. Nein, die *einzige* Lösung.

Ich hatte mir meine Worte noch nicht final zurechtgelegt, als ich das Esszimmer betrat. *Immerhin*, dachte ich beim Herunterdrücken der Türklinke: *Ich höre nichts, sie schreit noch nicht.* Ich ging durch die Tür — und traute meinen Augen nicht: Mein Vater saß noch immer am Tisch, im Arm meine Tochter. Und das Kind — schlief? „Wie …", flüsterte ich, „wie … wie habt ihr das gemacht?" Und ergänzte, obwohl das Bild, das ich mit meinen eigenen Augen sah, mir gerade das Gegenteil bewies: „Sie schläft nicht ohne ihr Tragetuch."

— „Ich glaube, genau das tut sie gerade", erwiderte mein Vater zufrieden. Im Gegensatz zu mir redete er in normaler Lautstärke, aber ruhig und monoton. „Wir wissen

doch, wie man ein Baby zum Schlafen bringt", sagte nun meine Mutter, die gerade mit einem frischen Fläschchen Milch aus der Küche kam und es mir warm lächelnd in die Hand drückte. „Hier, das brauchte sie gar nicht mehr. Vielleicht ja heute Nacht."

Ich glaube, meine Eltern hätten den Rest der Nacht mit meiner Tochter am Esstisch verbracht, wenn ich sie gelassen hätte. Opa mit dem Baby auf dem Arm, friedlich und warm schlummernd. Oma mit ihrem liebevollen Blick auf den beiden ruhend, jederzeit zur Stelle, falls doch noch ein Fläschchen gebraucht würde oder mein Vater eine Kuschel-Ablösung benötigt hätte.

„Du kannst ruhig ins Bett gehen, schlaf dich doch mal aus", schlug meine Mutter nun tatsächlich vor. „Wir bekommen das hier schon hin." Und ich wusste, dass sie es ernst meinte. „Ich stille nachts doch noch", erinnerte ich. Und meinte fast, einen Funken Enttäuschung in ihrem Gesicht zu lesen bei der Erkenntnis, dass sie mir das tatsächlich nicht abnehmen konnte.

Mein Vater schaffte es an diesem Abend nicht nur, meine Tochter auf seinem Arm zum Einschlafen zu bringen: Er fand auch den richtigen Moment, sie in ihr Babybettchen neben meinem Schlafplatz zu legen, ohne dass sie aufwachte. „Lief doch ganz gut!", fand er am nächsten Morgen. Ich fand, das war eine maßlose Untertreibung. Und nahm mir fest vor, die beiden noch einmal in Ruhe nach ihrer geheimen Einschlafbegleitungstechnik zu befragen. Da musste doch ein Trick dabei sein? Eine Art geheimes Großelternwissen, das uns, der Elterngeneration, vorenthalten wird? Und das man — auf welch magische Weise auch immer — erst mit dem Status „Oma" oder „Opa" erwirbt? Ja, so konnte es nur sein, ganz sicher, und ich würde es herausfinden!

Aber meine Ermittlungen würden ein wenig warten müssen. Denn jetzt freute ich mich erst einmal auf den Tag am Meer — samt ausgeschlafenem und rundum zufriedenem Baby. ⚓

Wie Großeltern (und ihre Enkelkinder) von der Lebenserfahrung profitieren

„Ich wäre beim ersten Kind gern so entspannt gewesen wie beim zweiten", behaupte ich manchmal. In meinem Freundeskreis gibt es Eltern mit drei, vier und sogar fünf Kindern – die bestätigen meine Theorie, dass mit jedem Kind der unangenehme Teil der Aufregung, die Panik, etwas falsch zu machen, und die Angst vor Unerwartetem nachlassen. Einfach, weil man mit mehr Kindern schon mehr herausfordernde Situationen erlebt (und gemeistert) hat, mehr Kinderkrankheiten und Wehwehchen durchgestanden und mehr Tränchen getrocknet hat. Oder weil man eben häufiger in der Einschlafbegleitung erfolgreich war.
Und dennoch: Die Geschichte auf den letzten Seiten passierte mir ja gerade nicht mit dem ersten, sondern mit dem *zweiten* Kind. Also mit dem Kind, von dem ich selbst gern behaupte, dass ich ihm gegenüber „deutlich entspannter" sei als dem ersten. Ganz selbstkritisch muss ich da im Nachhinein beim Lesen dieser Erinnerung sagen: Klingt nicht

wirklich entspannt. Im Gegenteil. Warum lasse ich mich als Zweifach-Mutter, die das alles doch schon einmal mit dem ersten Kind gewuppt hat, von einem (sogar meinem eigenen) schreienden Baby derart aus der Fassung bringen?
Wobei: Geschrien hat es ja noch nicht einmal! Es war allein die Vorstellung, dass es gleich schreien *könnte*, die mich so nervös machte, dass ich (und je länger ich darüber nachdenke, desto absurder und übertriebener empfinde ich meine eigenen Überlegungen) über eine sofortige Abreise nachdachte. Und warum, bitte schön, ließen meine Eltern sich von meiner aufkommenden Panik so gar nicht anstecken? Ich will ihnen im Nachhinein gar nicht vorwerfen, dass sie meine Sorge nicht ausreichend ernst genommen hätten. Es interessiert mich viel mehr, wie sie es geschafft haben, sich überhaupt nicht von meinen Ausführungen beeindrucken zu lassen. Ich hatte die meiner Ansicht nach schwerwiegende Problematik immerhin sehr ausführlich (und sehr oft) in Worte gefasst. Doch sie erkannten kein Problem. Und behielten recht.
„Großeltern bringen schon eine volle und eine angefangene Generation Erfahrung im Umgang mit Kindern mit"[12], sagte mir einmal Sue Legahn von der Delphin Akademie für AquaPädagogik in einem Interview für *Enkelkind.de*: „Sie sind oft ruhiger, sicherer und trauen dem Nachwuchs mehr zu." Aus diesem Grund bilden Sue und ihr Mann Uwe, der

Begründer der Aquapädagogik, besonders gern Großeltern zu Kursleitern und Kursleiterinnen für ihre Babyschwimmkurse aus. „In vielen Bereichen des Lebens spielt die Lebenserfahrung eine große Rolle", erklärt Sue. Und gerade beim Babyschwimmen kann so ein „Ruhepol" Wunder wirken: Bei kaum einer anderen Aktivität treffen so viele frischgebackene, aufgeregte Eltern und (auch besonders junge) Babys in einer für Groß und Klein ganz neuen Situation aufeinander. Oft ist das Babyschwimmen der erste „Kurs", den ein Baby besucht, der erste wiederkehrende Termin in einer Gruppe und logischerweise der erste Besuch mit Nachwuchs in einem Schwimmbad für die jungen Eltern — der bei den Kleinen auch mal in Übermüdung und Reizüberflutung (und somit in lautem Geschrei) enden kann.

Ist der Kursleiter oder die Kursleiterin selbst erfahren mit eigenen Kindern *und* Enkelkindern, kann das laut Sue Legahn nicht nur auf die kleinen Teilnehmenden eine besondere Wirkung haben — sondern auch auf die manchmal recht aufgeregten Väter und Mütter: „Die anwesenden Eltern hören einer älteren Person viel eher ernsthaft zu als einem Kursleiter oder einer Kursleiterin, der oder die womöglich sogar jünger ist als sie selbst. Wir stellen das immer wieder fest, und es ist fast lustig, wie ein blutjunger Babyschwimmlehrer den Eltern etwas völlig Richtiges und Schlüssiges mitteilt, und keiner hört zu oder setzt es um. Kommt dann mein Mann, Jahrgang 1947, und sagt wörtlich dasselbe, springen alle!" Über diese Beobachtung habe ich lange nachgedacht. Und ich gebe zu: Auch in mir machte sich automatisch ein wohliges Gefühl breit, als ich in dieser Woche für die Nachuntersuchung seines Knochenbruches mit meinem Sohn eine neue Arztpraxis besuchte, und nicht etwa ein blutjunger Doktor das Behandlungszimmer betrat — sondern eine grauhaarige Ärztin um die sechzig. Die bedachte nicht nur meinen Zehnjährigen, sondern auch mich mit einem beruhigenden Blick: „Die Mama ist noch aufgeregter als du, was? Müsst ihr beide nicht sein." Und — schwupps — schon ging es mir besser. Vermutlich ist es tatsächlich so: Lebenserfahrung spendet nicht nur den erfahrenen Menschen selbst eine innere Ruhe, sondern breitet sich auch auf die jüngeren Generationen aus. Eine niederländische Studie scheint diese Theorie zu bestätigen: Die Forschenden untersuchten einen möglichen Einfluss des Alters der Eltern auf das Verhalten von rund 33 000 Kindern zwischen zehn und dreizehn Jahren. Das Ergebnis: Kinder, deren Eltern bei der Geburt bereits etwas älter waren, sind später weniger verhaltensauffällig und benehmen sich insgesamt „besser".[13] (Wobei es an dieser

Stelle recht schwierig ist, kurz in Worte zu fassen, was ein „schlechtes", ein „gutes" und somit ein „besseres" kindliches Verhalten exakt ausmachen. Beispielhaft sei genannt, dass die Kinder älterer Eltern offenbar weniger aggressives Verhalten an den Tag legten als der Nachwuchs jüngerer Eltern.) Die Forschenden sehen die Gründe für die Ergebnisse vorrangig in der Annahme, dass ältere Eltern mehr Lebenserfahrung besäßen, dadurch insgesamt ausgeglichener und selbstbewusster seien als jüngere — was sich positiv auf den Umgang mit den eigenen Kindern auswirken könne.

Wenn sich dieser Effekt schon dank einiger Jahre mehr Lebenserfahrung einstellt, erscheint es mir umso logischer, dass Großeltern, die eine ganze Generation mehr an Lebenserfahrung mit ins Familienleben einbringen, sich deutlich weniger leicht aus der Fassung bringen lassen als manche Eltern — oder ganz konkret: als ich. Auch Sue Legahn, selbst vierfache Oma, erzählte mir im Interview: „Ich habe viel aus der Erziehung (und den Fehlern) mit den eigenen Kindern gelernt und kann die Enkelkinder jetzt davon profitieren lassen. Wenn ich die Unsicherheit, die Anspannung, den Zeitdruck, die hohen Erwartungen der jungen Eltern beobachte, genieße ich die Gelassenheit und Sicherheit, die Alter und Erfahrung mit sich bringen, sehr."

Auch meine Mutter erkennt diese Entwicklung. Ihr stellte ich die Frage, inwiefern sich für sie das Oma-Sein vom Mama-

Sein unterscheidet: „Ich nehme mir mehr Zeit, das durfte ich als Oma lernen. Vielleicht ist es auch das Bewusstsein der Endlichkeit beziehungsweise die Erinnerung, wie schnell aus Kindern Erwachsene werden, die dafür sorgen, dass ich jetzt die Kleinen so sehr genießen kann und die Zeit zum Spielen, Lesen, Kuscheln und Erklären nutze. Als ich Mutter war, liefen die Kinder manchmal nur mit. Haushalt und Arbeit liefen parallel. Als Oma genieße ich das Hier und Jetzt mit den Enkeln viel intensiver, das tut uns allen richtig gut."
Mit „uns allen", das kann ich wiederum bestätigen, sind nicht nur Oma, Opa und die Enkelkinder gemeint, sondern ganz gewiss auch die Eltern, die von der Ruhe und Gelassenheit der Großelterngeneration profitieren können.
Und wenn ich die Worte „Ruhe" und „Gelassenheit" in dieser Kombination hintereinander höre (oder selbst tippe), komme ich nicht umhin, direkt an meinen Vater zu denken, der für mich der personifizierte Ruhepol ist. Ob er sich selbst auch so wahrnimmt und falls ja, ob die Gelassenheit wirklich erst mit dem Opa-Status kam, darüber berichtet er auf den nächsten Seiten. ⚓

Gastbeitrag

Heiner Bäck wurde 1949 als zweites von vier Geschwistern geboren. 1981 kam seine erste Tochter zur Welt, 2014 sein erstes Enkelkind. Mittlerweile ist Heiner dreifacher Opa.

„Älter werden heißt auch ruhiger werden"

1954. Wir sind viel draußen. Meist ist mein Opa dabei, weil Papa auf Arbeit ist und Mama zu Hause Kleider näht, um etwas dazuzuverdienen.
Mit den Kindern aus der Nachbarschaft geht es heute wieder los. Der Nachbar-Opa hat Schafe, da dürfen wir mithelfen beim Hüten der Herde. Diesmal sind wir auf einer Weide, umgeben von Gräben. Ich nutze wagemutig einen Steg, der zum Überqueren des Grabens dient. Ohne Opa zu fragen.
Mit vier Jahren macht man Unfug. Ich glaube, ich war groß im Unfugmachen. Ich bin ausgerutscht auf diesem Steg, in den Graben gefallen und war weg. So kommt es mir zumindest als Vierjähriger vor. Komplett unter Wasser! Wie tief der Graben ist, weiß ich nicht.
(Wieso kann ich mich an solch eine Situation erinnern? Ich war vier Jahre alt! 70 Jahre liegen dazwischen. Wahnsinn!)
Ein Arm schießt ins Wasser. Die Hand ergreift meinen Kra-

gen und zieht mich ruckartig aus dem Wasser heraus. „Na, mein Jung, alles in Ordnung!", sagt der Nachbar-Opa und gibt auch ein Alles-in-Ordnung-Zeichen rüber zu meinem Opa Heinrich.
Wir sind nicht nach Hause, um Klamotten zu wechseln. Es war doch Sommer! Meine Mama hat nicht einmal erfahren, was an dem Tag passiert ist. Die beiden Opas blieben cool, obwohl es das Wort zu dem Zeitpunkt noch gar nicht gab. Liegt wohl an der Erfahrung und am Alter.
Die beiden Opas sind meine Helden!

1984. Mallorca. Urlaub mit unseren Töchtern, der kleinen Meike und Baby Silke, Autorin dieses Buches. Es ist der erste Familienurlaub in dieser Dimension. Wir haben es einfach gewagt, mit zwei kleinen Mädchen in die Sonne zu fliegen.

Gastbeitrag

Unsere Unterkunft liegt im dritten Stock. Nichts Großartiges. Einfach nur zwei Zimmer mit Doppel- und Kinderbett. Silke schläft in einer Babyliege. Dazu eine Küchenzeile. Einen Fernseher gibt es nicht. „Selbstversorger" hatten wir gebucht. Also Frühstück immer auf dem Zimmer.
Morgens, am dritten Tag, schon richtig eingewöhnt, dauert es mit der Lütten etwas länger. Windeln wechseln, füttern. Die große Tochter ist schon fertig mit dem Frühstück und langweilt sich. Mit fast dreieinhalb Jahren recht eigenständig und selbstbewusst, geht sie nach Absprache schon mal runter zu dem Teil der Hotelanlage mit Liegestühlen und Pool, bekleidet in Shorts, T-Shirt und mit Badelatschen. Wir haben sie immer im Blick.
Immer? Na ja, dann müsste man laufend durchs Fenster runterschauen…
Ich sitze in der Küchenzeile und haue gerade mit dem Löffel auf das gekochte Hühnerei. Ein Schrei von unten. Dann ein Platschen. *Das ist Meike!*, weiß ich sofort. Meine Knie waren um einiges besser zu der Zeit als heute. Ich rase die Treppen runter! In einem Höllentempo!
Unten angekommen, sehe ich sie: Meike im Pool! Als Einzige! Und: Sie schwimmt! Zum ersten Mal ganz allein! Sie paddelt ganz entspannt nicht zur nächstliegenden, sondern zur gegenüberliegenden Treppe. In der Hand ihre Badelatschen: „Die darf ich im Wasser doch nicht verlieren", erklärt sie.

Die Urlauber drum herum staunen. Ich staune, dass niemand reagiert hat, als ein Kleinkind ins Wasser fiel. Ich nehme unser Kind in den Arm: „Du kannst schwimmen! Wunderbar!" Und mein Herz schlägt in einer Geschwindigkeit wie bei einem Ruderrennen im Achter, wenn der Steuermann kurz vorm Ziel die Schlagzahl noch mal so richtig erhöht. Meike ist meine Heldin!

2024. Was für ein Frühlingstag! Schön warm und sonnig. Unsere Tochter ist mit Kind zu Besuch, unterwegs zu einem Termin, aber ohne ihre Tochter — die bleibt bei uns. Die Oma fühlt sich nicht richtig wohl. Also ziehen Enkelin und ich allein los zur Ostsee, in die Strander Bucht, etwa 450 Meter von unserem Wohnhaus entfernt. Ich schließe unseren Strandkorb auf, kann aber die Sechsjährige nicht von dem gemütlichen Sitzplatz überzeugen. „Ich geh ans Wasser",

Gastbeitrag

sagt sie, und meint damit Muscheln suchen, besondere Steinchen sammeln, Krebse beobachten und waghalsige Manöver auf den riesigen Steinen durchführen, die vom Strand aus bis zu zehn Meter hinaus als Wall ins Wasser abgelagert wurden und als Wellenbrecher dienen.
Ich mache es mir gemütlich im Strandkorb, das Mädchen ist am acht Meter entfernten Wasser und kommt regelmäßig mit Fundsachen zurück. Erklärt mir jedes Stück bis ins kleinste Detail: gut, nicht gut, nehme ich mit nach Hause (Stein), ist kaputt (Muschel), hat eine besondere Form.
Schon haut sie wieder ab in Richtung Wasser. Jetzt ist dieser Wall aus Steinen dran. Da kann man gut drauf rumturnen und sich weit ins Meer bewegen, ohne nass zu werden.
Allein ist das Mädel auch nicht mehr. Eine weitere Fünf- bis Siebenjährige gesellt sich dazu. Besser geht es nicht. Alles entspannt, alles easy.
Ich habe immer unser Mädchen im Auge und genieße die Zeit. Sie hat Exkursionen bis zum Ende des Wellenbrechers auf dem Plan und viel Spaß dabei. Was soll auch schon passieren? Nackte Füße auf nassem Stein. Na ja, kann glitschig werden. Aber ich sehe sie ja immer.
Und dann eben doch nicht mehr. Die Enkelin ist weg.
Sie kommt schon wieder.
Doch nicht.
Ganz ruhig stehe ich auf und gehe die paar Meter. Hinter

den Steinen hat sie sich gebückt, mit der einen Hand ins Wasser gegriffen, wieder einen besonderen Fang gemacht und präsentiert mir stolz ihren Erfolg: „Die Muschel nehmen wir mit, Opa." „Wunderbar! Das ist eine gute Idee, mein Schatz!"
Gut, dass Oma nicht dabei ist. Ein „Enkelkind-Verschwinden", und sei es nur für einen kurzen Moment, ein Klettern auf Steinen in Wassernähe, ein Ausrutschen auf nassen Steinen — das ist alles nicht ihr Ding.
Ganz ruhig. Kein erhöhter Pulsschlag. Kein erhöhter Blutdruck. Vielleicht ist es auch nicht so dramatisch wie auf Mallorca. Egal. Älter werden heißt auch ruhiger werden. Meine Enkelin und ich gehen nach Hause.
„Das war ein schöner Tag, Opa!" ⚓

Kapitel 7

Großeltern lieben bedingungslos

„Das Wunder hat sich wiederholt"

Mein Vater weint nicht. Zumindest nicht vor mir. Was nicht bedeutet, dass er emotionslos wäre, im Gegenteil: Wir konnten und können über alles reden, auch über große Gefühle. Nur hat er seine immer deutlich besser „im Griff" als ich meine. Da komme ich ganz nach meiner Mutter: Als ich ihr sagte, dass ich schwanger sei und dass sie und mein Vater Großeltern würden, begann sie zu weinen. Vor Freude, versteht sich. Mein Vater freute sich auch, sehr sogar. Aber er vergoss deshalb keine Freudentränen. Zumindest habe ich das nicht bemerkt. Und auch vor Trauer habe ich ihn noch nie weinen sehen. Auf der Beerdigung meiner Oma, seiner Mutter, war er viel zu sehr mit dem Empfang der Gäste, der Organisation des Essens und dem Trösten seiner Schwester beschäftigt, um sich selbst Zeit zum Weinen zu geben.

Natürlich ist es vollkommen legitim, Gefühle und Tränen zu zeigen. Unseren Kindern predige ich regelmäßig, dass sie negative Emotionen nicht zu unterdrücken brauchen — und dass auch wir Erwachsenen das nicht immer können (oder wol-

len). Der Umgang mit dem Thema ist sicher eine Generationenfrage. Und dennoch: Ich bewundere meinen Vater dafür, dass er immer alles unter Kontrolle hat – auch sich selbst. Das liegt vermutlich vor allem daran, dass ich manchmal schon feuchte Augen bekomme, wenn mich nur ein strenger Blick trifft. Oder wenn ich einen besonders rührenden Werbeclip sehe. Nein, so etwas würde meinem Vater nie passieren. Kurzum: Während meiner gesamten Kindheit, meiner Jugend und auch danach habe ich ihn kein einziges Mal mit Tränen in den Augen gesehen.
Bis sein erstes Enkelkind auf die Welt kam.
Meine Erinnerungen an die Geburt unseres Sohnes sind verschwommen. Vermutlich liegt das am Schlafmangel, denn das Prozedere dauerte die ganze Nacht, bis das kleine Wunder um 10:10 Uhr das Licht der Welt erblickte. Vielleicht sind meine Erinnerungen auch getrübt durch die starken Schmerzen, die natürlicher Teil der Geburt sind. Oder durch die Schmerzmittel, die ich mir haben geben lassen, weil ich es nicht mehr ausgehalten habe. Oder durch eine Mischung von alledem und der Tatsache, dass das Gebären eines Babys eine so unglaubliche Erfahrung ist, dass man nicht nur währenddessen mit den Eindrücken überfordert ist – sondern auch noch lange danach, wenn das Gehirn probiert zu rekonstruieren, was genau sich in den letzten Stunden abgespielt hat.

Einige wichtige Momente aus dem Kreißsaal habe ich allerdings noch ganz genau vor Augen. Wie kleine Screenshots, die mein Gehirn gemacht und auf ewig abgespeichert hat. Dazu gehört natürlich allen voran der unbeschreibliche Augenblick, in dem ich meinen Sohn das allererste Mal gesehen, ihn auf die Brust gelegt bekommen habe und mit meinen Händen berühren konnte.

Doch noch ein weiteres wunderschönes Bild erscheint sofort vor meinem inneren Auge, wenn ich an den Tag der Geburt meines Sohnes denke: Ich liege noch immer im Kreißsaal, bin unsicher, wie viele Minuten vergangen sind, seitdem mein Sohn auf der Welt und in meinem Arm ist. Mein Mann ist da, er war die ganze Zeit während der Geburt da. Ob ein Arzt oder eine Hebamme in diesem Moment im Raum ist, weiß ich nicht mehr. Aber ich sehe genau vor mir, wie jetzt die Tür zu meiner Linken geöffnet wird — und mein Vater eintritt. Und sich dann direkt wieder wegdreht, nur ganz kurz. Denn in der Sekunde, in der er mich mit meinem Sohn, seinem ersten Enkelkind, im Arm sieht, passiert es: Ihm schießen die Tränen in die Augen. Er neigt seinen Oberkörper also zur Seite und wischt sich blitzschnell über die Augenwinkel, bevor er auf uns zugeht und die nächste Generation seiner Nachkommen kennenlernt.

Es war nur eine Handbewegung, ein kurzer Moment. Aber ich habe es genau gesehen. 30 Jahre musste ich alt werden

und ein Kind zur Welt bringen, um zu erleben, wie mein Vater derart von Glücksgefühlen übermannt wird, dass ihm die Tränen kommen. Und zu dem unbeschreiblichen Gefühl, gerade ein Kind auf die Welt gebracht und eine eigene Familie gegründet zu haben, kam in dieser Sekunde durch den Anblick meines von seinen Emotionen überrollten Vaters die erfüllende Erkenntnis: Meine Eltern lieben dieses Kind von Anfang an genauso bedingungslos wie ich selbst.
Und diese bedingungslose Liebe ist keineswegs ein kurzes Flackern, das lediglich von der Aufregung des Neuen genährt wird. Im Gegenteil: Mit jedem Tag und jedem Jahr, mit jedem Entwicklungsschritt, den ihre mittlerweile drei Enkelkinder machen — zwei von mir, eines von meiner Schwester —, lieben meine, unsere Eltern ihre immer größer werdenden Nachkömmlinge nur noch mehr. Fahre ich zu meinen Eltern und parke das Auto in der Einfahrt, dann werden (noch bevor ich überhaupt aussteigen kann) erst die Kinder auf der Rückbank begrüßt, abgeschnallt, umarmt und geherzt — und dann irgendwann ich. Es ist schon vorgekommen, dass meine Kinder und ihre Großeltern bereits glückselig gemeinsam im Haus verschwunden waren, während ich noch die Taschen aus dem Kofferraum hievte.
Es ist offensichtlich: Die Enkelkinder stehen jetzt an erster Stelle meiner Eltern. Das würden meine (und alle anderen) Eltern so natürlich nie formulieren — weil sie es selbst gar

nicht fassen, geschweige denn begreifen können, wie sehr ihre Emotionen mit ihnen Achterbahn fahren, wenn es um die übernächste Generation geht. Mich, ihre Tochter, lieben sie, wie — na klar — Eltern nun einmal ihr Kind lieben. Aber nun hat ihr Kind ein Kind bekommen, das Wunder hat sich wiederholt, geradezu potenziert, und die Liebe ist exponentiell gewachsen. Das bedeutet aber nicht, dass ihre Liebe für mich weniger geworden wäre. Ich sehe das so:

Die Liebe für das Enkelkind offenbart auf wunderbare Weise, wie sehr man das eigene Kind liebt.

Diese Erkenntnis habe ich aus einem sehr rührenden Video, das eine junge Oma vergangenes Jahr ins Internet stellte. Sie hatte es satt, sich vorwerfen zu lassen, dass sie ihr Enkelkind „mehr" lieben würde als ihr eigenes Kind. Vielmehr sei es so, dass sie in den Augen ihres nun erwachsenen Kindes all die unbeschreibliche Liebe und diese überwältigen Emotionen sehen könne, die sie selbst als Mutter kenne. Ihr Enkelkind mache ihr Kind unendlich glücklich. Und was, fragt die junge Oma, könne sie selbst glücklicher machen als die Tatsache, dass es ihrem eigenen Kind so, so gut gehe? An der Tatsache, dass es einem als Elternteil immer dann automatisch ein bisschen besser geht, wenn es auch dem Kind gut geht, ändert sich im Leben offenbar also nicht viel, selbst wenn das eigene „Baby" längst erwachsen ist.

Die junge Oma bringt es in ihrem Video auf den Punkt: Die

Enkelkinder werden von unseren Eltern nicht *mehr* geliebt als wir, ihre Kinder, denn die Liebe steht gar nicht in Konkurrenz zueinander. Mehr noch: Enkelkinder schaffen es auf wunderbare Weise, gleich zwei Generationen auf einmal unendlich glücklich zu machen: Eltern *und* Großeltern. (Und in einigen Familien sogar noch die Urgroßeltern!)
Und ja, manchmal äußert sich diese unbeschreibliche Liebe dadurch, dass meine Eltern ihren Enkelkindern etwas erlauben, das sie dem eigenen Kind — mir — nie erlaubt hätten. Oder dass sie weniger streng sind in ihrer Rolle als Oma und Opa im Vergleich zu ihren elterlichen Pflichten vor dreißig oder vierzig Jahren.
Häufig lese und höre ich von dem allgemeinen Vorwurf, Enkelkinder würden durch Großeltern zu sehr „verwöhnt". Und ich verstehe durchaus, dass das eine harsche Kritik sein kann, wenn man die Bedeutung des Wortes „verwöhnen" so auslegt, wie der Duden es tut: „jemanden durch zu große Fürsorge und Nachgiebigkeit in einer für ihn nachteiligen Weise daran gewöhnen, dass ihm jeder Wunsch erfüllt wird". Nein, das klingt nicht gut — etwas „Nachteiliges" wünscht wohl kein Elternteil seinem Kind, und meine Eltern auch ganz gewiss nicht ihren Enkelkindern! Doch liest man im Duden nur ein paar Zeilen weiter, dann ergibt plötzlich

alles seinen Sinn. Denn das Wort „verwöhnen" meint laut dem Nachschlagewerk alternativ eben auch, dass eine Person „durch besondere Aufmerksamkeit, Zuwendung dafür sorg[t], dass sich jemand wohlfühlt". Und vor diesem Hintergrund lasse ich gern die Formulierung zu: Ja, meine Eltern verwöhnen ihre Enkelkinder. Mit ihrer bedingungslosen Liebe und allem, was aus dieser Liebe resultiert. Und ich finde das absolut wunderbar. ⚓

Wie Großeltern die bedingungslose Liebe noch einmal erleben

„Wenn Eltern zu Großeltern werden, werden sie von unglaublichen Gefühlen überrascht", erklärt die Familienberaterin Claudia Hillmer auf Seite 118 in diesem Buch. „Enkel-Bindungs-Hormondusche" nennt sie dieses Phänomen. Tatsächlich können auch Großeltern beim Kontakt mit ihrem Enkelkind Oxytocin ausschütten: ein Bindungshormon, das in der neurochemischen Forschung mit psychischen Zuständen wie Liebe, Vertrauen und Ruhe in Zusammenhang gebracht wird. Kein Wunder also, dass Oma und Opa — genau wie Mama und Papa — von ihren eigenen Emotionen und Hormonen übermannt werden, wenn ein Enkelkind das Familienglück bereichert. Was genau einem in diesem Augenblick durch den Kopf geht, ist schwer in Worte zu fassen. Auf diesen Seiten habe ich Zitate gesammelt von Großeltern, die es dennoch probieren wollten.

Wie hast du dich gefühlt, als du zum allerersten Mal dein (erstes) Enkelkind gesehen hast?

Dafür gibt es keine Worte, unbeschreiblich. ❤️ Ich war bei der Geburt dabei, ich hab alles verschwommen gesehen, weil ich so vor Freude und Ergriffenheit weinen musste. 🥹🥺 Heute ist sie schon 16 und mein größter Sonnenschein. ❤️
(Sylvia über Facebook)

Unser Enkelkind das erste Mal in meinen Armen zu halten hat mich mit großem Stolz erfüllt. Die Rolle als Opa fülle ich mit viel Freude und Leidenschaft aus.
(Hans per WhatsApp)

Es ist eigentlich nicht in Worte zu fassen. Da ist plötzlich ein kleines Wunder in deinem Arm, was mich unheimlich glücklich macht, und dieser Gedanke: Hätte ich kein Kind bekommen, würde es dieses wundervolle kleine Wesen jetzt nicht geben. Es ist so wunderschön, dass du da bist, mein Enkelkind ❤️ (Manuela über Facebook)

Großeltern lieben bedingungslos

Mein Herz hat getanzt zu der Musik der Liebe. Ehrlich, das war wirklich so. Ich war dabei, als mein Engelchen das Licht der Welt erblickte. Ihr erster Schrei war wie Musik. Ich liebe sie und auch alle meine anderen Enkelkinder so sehr. Es ist in Worten nicht zu erklären. ♥
(Stefani über Facebook)

Ich schaue mir, ohne ihn anzufassen, den kleinen Kerl an. Tränen in den Augen, ein bubberndes Herz und ein kaum hörbares „Herzlichen Glückwunsch euch!" an die Eltern sind meine Reaktionen auf diesen Moment des unfassbaren Glücksgefühls!
(Heiner via E-Mail)

Ein Enkelkind „hüpft" in dieser Sekunde mit Anlauf in Dein Herz. ♥ Einfach unbeschreiblich und überwältigend.
(Eva über Facebook)

Als ich meinen Enkel das erste Mal gesehen habe, hatte ich das Gefühl, dass mein Herz überläuft vor Liebe und Dankbarkeit. Es waren Gefühle in mir, die ich nie vergessen werde. Ich liebe den Kleinen so sehr! ♥ Er wird immer etwas Besonderes für mich sein. ♥
(Anne über Facebook)

Es hat mich noch nichts im Leben so berührt wie dieser Moment. Wegen der Pandemie durften wir unseren Schatz erst zu Hause sehen. Und sie schlief. Es war Magie.
(Bine über Facebook)

> *Überwältigt vor Glück, Dankbarkeit und Freude. Gleichzeitig Trauer, weil sein Opa, der sich sehnsüchtig ein Enkelkind gewünscht hat, diesen einmaligen, magischen Moment leider nicht mehr mit mir teilen konnte! Jetzt ist der Enkel/Engel schon 6 Jahre, und jede Stunde mit ihm empfinde ich als ein Riesen-Geschenk!*
> (Monika über Facebook)

> *Ich war bei der Geburt meines ersten Enkelsohnes dabei, durfte ihn sogar baden. Mir steigen grad wieder die Tränen vor Glück in die Augen. Nun ist er 22 Jahre alt. Für immer mein großes Glück ist er geblieben, meine große Liebe.*
> (Veronika über Facebook)

Diese wunderbaren Zitate, die es schaffen, das Unbeschreibliche zu beschreiben, wären ein passender und würdiger Abschluss für dieses Buch gewesen. Doch das letzte Wort möchte ich derjenigen Person übergeben, die nicht nur meinen Kindern eine großartige Oma ist, sondern auch mir eine wunderbare Mutter. Ihr habe ich zu diesem Anlass eine vermeintlich einfache Aufgabe gestellt:

„Kannst du bitte aufschreiben, wie sehr du deine Enkelkinder liebst?"

Viel Freude beim Lesen! ⚓

Gastbeitrag

Corinna Bäck ist Oma von drei Enkelkindern im Grundschulalter und Mutter von zwei Töchtern. Die jüngere ist die Autorin dieses Buches.

„Das größte Geschenk!"

Seit der Geburt der ersten Tochter treffe ich mich regelmäßig in unserem „Mütterkreis". Aus den Müttern der „Krabbelgruppe" wurde im Laufe der inzwischen 43 Jahre ein wundervoller Freundinnenkreis. Wir hatten ja stets gemeinsame Themen: Wann schläft unser Nachwuchs endlich durch? Wie werden die Kleinen am besten trocken? Wie stehen unsere Mädels (und wir Mütter!) die Trotz- und später die Pubertätsphase (und alle Phasen dazwischen) durch? Statt „Wie schläft das Kind?" wurde plötzlich die Frage spannend, wo das Kind schlafen will (und darf). Haben wirklich „alle anderen Eltern" die Teilnahme an der angesagten Pyjama-Party erlaubt? Eine wichtige Frage — vor allem dann, wenn sich herausstellt, dass die „Party" in Wahrheit auch ein Date sein könnte…

Ja, es tut einfach gut festzustellen, dass überall nur mit Wasser gekocht wird. So haben wir Mütter uns erst bei Erziehungsfragen ausgetauscht und unterstützt und uns später gemeinsam über die Hochzeiten unserer Kinder gefreut.

Dann kam eine neue Phase. Als in unserem „Mütterkreis" die ersten Enkelkinder geboren wurden, gab es natürlich fast nur dieses Thema. Ich fand die vielen Fotos als Noch-nicht-Oma niedlich ... und auch etwas übertrieben. Ich konnte zu dem Zeitpunkt diese besondere Oma-Liebe noch nicht wirklich erfassen.

Und dann passierte es. Unsere Jüngste besuchte uns spontan, lehnte überraschend das Gläschen Sekt ab und zeigte uns dann ein Schwarz-Weiß-Foto. Schon beim Schreiben bekomme ich wieder Gänsehaut und ein wundervolles Glücksgefühl.

An dem Tag bekam ich eine erste Vorahnung, was an Liebe noch möglich ist.

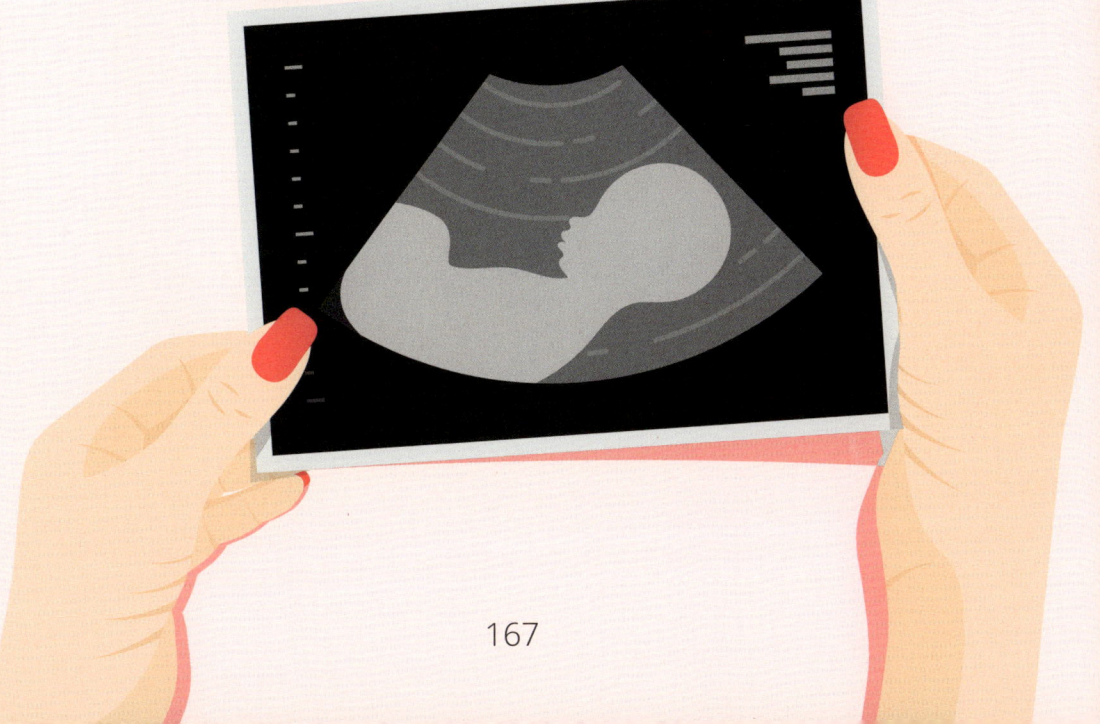

Gastbeitrag

Auch bei meinem lieben Mann meinte ich, feuchte Äuglein zu entdecken. Mir liefen die Tränchen nur so runter. Wer meint, bei der Ankündigung des zweiten Enkelchens — der Schwester unseres Enkelsohnes — oder bei der guten Nachricht der Schwangerschaft unserer anderen Tochter, die kurze Zeit später folgte, ließe dieses Gefühl nach, der irrt. Diese wundervollen Nachrichten werden nur übertroffen von der einmaligen Information der Geburt!

Bei der Geburt unseres ersten Enkels war ich zum Glück beruflich gerade in der Nähe tätig und konnte dieses winzige, entzückende Bündel bereits nach sehr kurzer Zeit im Arm halten. Vor lauter Zittern hatte ich fast Angst, ihn richtig zu halten. Doch obwohl es 30 Jahre her war, dass ich selbst das letzte Mal ein Kind geboren hatte, war dieses Angstgefühl sehr schnell wie weggeblasen, und das glückselige Oma-Liebe-Gefühl brachte Selbstvertrauen, Ruhe und Gelassenheit. So eine Wonne erleben zu dürfen ist das größte Geschenk. Und das ganz ohne Geburtsschmerzen. Und wie stolz ich auf unsere Tochter war! Solch tiefe Emotionen gilt es zu erleben, das Beschreiben fällt mir schwer, ohne dass es kitschig klingt. Ich genieße gerade jetzt beim Schreiben noch einmal diese Gefühle. Und erinnere mich auch so gut an das wundervolle, stolze Empfinden, als die erste Enkeltochter bereits kurz nach der Geburt bei mir auf dem Bauch eingeschlafen war!

Die überraschende Nachricht unserer anderen Tochter erreichte mich im typischen Freizeitbereich, auf dem Pferdehof. Es klingelte das Telefon: „Du bist Oma!", hieß es, und tatsächlich habe ich es nicht gleich verstanden. Sie war doch erst im achten Monat!? Dann erst machte es klick bei mir! Unsere zweite Enkeltochter hatte einfach keine Zeit mehr gehabt und war recht früh auf dieser Welt. Ich sang und hüpfte auf dem Hof und wurde verwundert belächelt und dann auch gefeiert.

Wie gut, dass ich mich schnell auf den 500 Kilometer weiten Weg ins Krankenhaus machen konnte, um auch die Tochter zu unterstützen, die mit Lungenentzündung nicht ganz fit war. Es war sehr berührend, die Kleine auf der Frühchenstation und die Mama in dieser Situation zu erleben. Ich hatte Angst und Sorge und war doppelt dankbar für die gesunde Entwicklung. (Ich habe gerade heute ein Video von der mittlerweile Siebenjährigen bekommen, in dem sie in atemberaubender Höhe in affenartiger Geschwindigkeit klettert.) Ich hatte mir schon als Mutter die müßige Frage gestellt, ob ich beide Töchter gleich stark lieben könne. Jede Mutter von mehreren Kindern weiß, dass sie jedes Kind individuell innig liebt und sich Liebe in der Tat verdoppeln lässt. Als Oma erfahre ich nun eine ganz neue Dimension (okay, ich lasse mich auch gerne noch auf die Erfahrung der Uroma als Vergleich ein). Liebe ich meine Enkel mehr als meine Kinder? Vergleiche können nicht funktionieren. Jedes Kind ist ein Individuum. Glück und Liebe sind teilbar und einfach nur wunderschön. Auf jeden Fall liebte ich alle drei Enkelkinder von Anfang an so intensiv und innig, dass es mich fast überrumpelte.

Ich habe mich bereits auf meine Kinder riesig vorgefreut, die Schwangerschaften bestens geplant und die ersten fünf Jahre nur mit den Kindern verbracht. Und doch ist der „Enkelgenuss" so ganz anders, einfach großartig. Mit den Enkeln verbringe ich die meist begrenzte Zeit ganz bewusst und lasse mich voll auf sie ein. Ich habe jetzt mehr Zeit und innere Ruhe, um im Hier und Jetzt zu spielen und zu genießen.

Ich habe das Gefühl, dass ich im reiferen Alter auch toleranter geworden bin. Unsere Kinder durften ihr Spielzeug nicht im Wohnzimmer verteilen. Unsere Enkelkinder nennen das Wohnzimmer inzwischen „Spielzimmer". Ich möchte sie ja auch unten im Erdgeschoss bei mir in der Nähe und nicht im oberen Stockwerk haben! Auch der Vergleich mit anderen Kindern in Bezug auf Schulnoten, besondere Fähigkeiten, sportliche Erfolge und andere „Leistungen" interessiert mich als Großmutter viel weniger, als es damals als Mutter der Fall war. Da haben sich meine Prioritäten verändert, und ich erlebe bewusst, dass jedes Enkelkind auf seine eigene Weise Stärken entwickelt. Mit dem Enkelsohn kam auch die geschlechterspezifische Variante dazu, schließlich haben wir zwei Töchter — faszinierend zu erleben! Natürlich gibt es Unterschiede, und doch ist die Liebe zu allen grenzenlos. Meinen Mann liebe ich umso mehr, seit ich ihn als zärtlichen, lustig-lockeren Opa erleben darf. Da kommen wieder ganz neue Aspekte zum Vorschein.

Wir haben die Enkelkinder von Anfang an gerne ohne Eltern bei uns gehabt, und das klappt hervorragend. Wir versuchen stets, uns den jeweiligen Erziehungsvorstellungen anzupassen, wenn die Enkelkinder bei uns sind. Zum Beispiel in Bezug auf Ernährung und Fernsehkonsum. Die Kleinen erzählen sowieso die Wahrheit zu Hause, dessen sind wir uns bewusst. Natürlich verwöhnen wir Omas besonders gerne, und Gemüse schmeckt einfach auch besser, wenn es geschnitzt und liebevoll angerichtet als „Gesicht" oder „Tier" auf den Teller kommt. Manches dürfen sie bei uns, was sie zu Hause nicht dürfen (länger aufbleiben), in anderen Dingen haben wir andere Werte und sind manchmal kon-

Gastbeitrag

sequenter (Tischmanieren) als ihre Eltern. Wir lernen alle voneinander und ergänzen uns. Ich beobachte und genieße auch, wie unsere Töchter und Schwiegersöhne ihre Elternrolle leben.
Es ist einfach großartig, dass wir Großeltern sein dürfen. Ein riesiges, wunderschönes Geschenk, für das wir dankbar sind und das wir sehr lieben! Wenn wir dadurch zudem die Eltern entlasten, ist es ein doppelter Gewinn. Ich bin gespannt, wann es, in etlichen Jahren, in unserem „Mütterkreis" mit dem Bilderzeigen der ersten Urenkel startet… Jetzt weiß ich, dass nichts daran übertrieben ist — und sollte ich zu den ersten Uromis gehören, präsentiere ich ganz sicher gleich von Anfang an die meisten Fotos! ⚓

Mein(e) Enkelkind(er)

Mein(e) Enkelkind(er)

Jedes Enkelkind ist anders. Auf den kommenden Seiten haben Sie deshalb die Gelegenheit, dieses Buch zu *Ihrem* Buch zu machen. Mit wertvollen Erinnerungen und schönen Gedanken. Viel Freude beim Ausfüllen!

So nennt mein Enkelkind mich/ So nennen meine Enkelkinder mich

....
....
....
....

Und so nenne ich mein(e) Enkelkind(er)

....
....
....
....

Das habe ich gedacht, als ich erfahren habe, dass ich Oma/Opa werde

Mein(e) Enkelkind(er)

Das ist unser bisher schönstes gemeinsames Erlebnis

....

....

....

....

....

....

....

Bevor ich Oma/Opa wurde, hätte ich nie gedacht, dass…

Diese 5 bis 50 Dinge möchte ich unbedingt mit meinem Enkelkind/meinen Enkelkindern erleben

Das möchte ich meinem Enkelkind/ meinen Enkelkindern gern beibringen

....

....

....

....

....

Nachwort

„Eine Win-win-win-Situation für alle Generationen"

„Mein Opa war immer da. Er saß auf seinem festen Platz direkt neben dem Küchenschrank an der kurzen Seite der Eckbank."
Das erzählte mir einmal mein Vater, Jahrgang 1949. Sein Opa wohnte im selben Haus, schlief neben dem Kinderzimmer. In vielen Familien bestand durch die Wohnsituation früher ganz automatisch ein enger Kontakt zwischen Großeltern und Enkelkindern. Dadurch bedingt entstand auch ein enges Verbundenheitsgefühl, möchte ich vermuten. Mehr-Generationen-Haushalte sind heute die Ausnahme. Laut Statistischem Bundesamt leben nur noch 0,5 Prozent der Familien in Deutschland mit drei (oder mehr) Generationen gemeinsam unter einem Dach. Wir gehören zu den übrigen 99,5 Prozent. Die Großeltern unserer Kinder sind also nicht „immer da". Vielleicht ist das der Grund, dass Zeit mit Oma und Opa so etwas Besonderes, rundum Schönes ist. Nicht nur für die Enkelkinder — auch für die Großeltern. Zumindest ist Letzteres mein Eindruck, wenn ich beide Generationen miteinander beobachte. Aber ist das wirklich

so? In diesem Buch ging es immer wieder darum, wie sehr die Enkelkinder von liebevollen Großeltern profitieren. Aber wie sieht es andersherum aus? Wirkt sich die gemeinsame Zeit auch positiv auf die Großeltern aus?
Genau dieser Frage will ich für den Abschluss dieses Buches auf den Grund gehen. Und stelle sie deshalb jemandem, der es ganz genau wissen muss. Der Psychologe Dr. Rüdiger Maas ist Deutschlands bekanntester Generationenforscher und Gründer des Instituts für Generationenforschung. Der Schwerpunkt seiner Arbeit liegt auf der Frage, wie sich die Generationen untereinander beeinflussen. Und für den Einfluss, den Enkelkinder auf ihre Großeltern ausüben, vertritt er eine klare Position: „Der Austausch mit jüngeren Generationen kann sehr bereichernd sein. Durch den Kontakt mit den Kindern kann es gelingen, am ‚Zahn der Zeit' zu bleiben und sich mit neuen, ganz anderen Ansichten und Themen auseinanderzusetzen, was beispielsweise enorm zur geistigen Fitness beitragen kann."
Und die gemeinsame Zeit wirkt sich laut Rüdiger Maas noch auf weiteren Ebenen positiv auf die Gesundheit der Großeltern aus: „Sie kann eine zentrale soziale Ressource darstellen, um Einsamkeit vorzubeugen und zu zeigen, dass man nach wie vor gebraucht wird", erklärt er mir. „Das trägt stark zur psychischen Gesundheit bei und kann die Resilienz, also die psychische Widerstandsfähigkeit gegenüber schwierigen

Lebenssituationen der Betroffenen steigern." Besonders Letzteres könne im höheren Alter mit seinen vielen Herausforderungen und Veränderungen, wie vermehrten Krankheiten, körperlichen Einschränkungen oder dem Ausscheiden aus dem Arbeitsleben, eine wichtige Rolle in der Prävention von psychischen Krankheiten spielen, so der Experte.
Und genauso, wie Großeltern ihren Enkelkindern vergessene Dinge beibringen können (nachzulesen in Kapitel 3), könnten umgekehrt auch Enkelkinder ihren Großeltern einiges beibringen, ergänzt Rüdiger Maas — zum Beispiel den Umgang mit neuen Medien: „Hier können Kinder für ihre Großeltern, die noch analog aufgewachsen sind, eine Brücke zwischen der analogen und der digitalen Welt bilden."
Als ich diese Formulierung höre, denke ich sofort an den Tag, an dem meine Eltern mir begeistert von ihrem Besuch eines Virtual-Reality-Raums berichteten. Meine Mutter war mit einer dieser großen digitalen Brillen auf der Nase virtuelle Achterbahn gefahren, mein Vater hatte sich anschließend mit derselben Brille einem virtuellen Schwertkampf gestellt. Großartig hatten sie es beide gefunden — und einstimmig erklärt, dass sie ohne ihren zehnjährigen Enkelsohn, der sie in diesen Erlebnisraum geschleppt hatte, sicher niemals in ihrem Leben diese Erfahrung gemacht hätten.
Neulich habe ich von einer Studie gelesen, die belegt, dass Großeltern, die (in angenehmen Maßen) regelmäßig auf ihre Enkelkinder aufpassten, länger lebten als solche, die es

nicht täten.[14] Wenn ich Geschichten wie die aus dem Virtual-Reality-Room höre oder wenn ich Fotos zugeschickt bekomme davon, wie meine Mutter mit ihren Enkelkindern auf dem Reiterhof aufblüht, mein Vater mit seiner Enkeltochter im Urlaub durch den Hotel-Swimmingpool tobt und meine Schwiegermutter mit ihrem Enkelsohn die Museen ihrer Heimatstadt erkundet, dann glaube ich das mit der längeren Lebenserwartung sofort.

Eine liebevolle Beziehung zwischen Enkelkindern und Großeltern ist eben keine Einbahnstraße. Sie ist eine Win-win-Situation für beide Seiten. Nimmt man die Eltern hinzu, die sich über die Unterstützung von Oma und Opa freuen (und das, so viel kann ich zumindest aus meiner persönlichen Sicht beurteilen, tun sie!), sogar eine Win-win-win-Situation für alle drei Generationen.

Und genau das, davon bin ich fest überzeugt, sorgt vermutlich für ein ebenso enges — und vielleicht in mancher Hinsicht sogar entspannteres — Verbundenheitsgefühl unter den Generationen wie ein gemeinsames Dach über dem Kopf.

Danke

Dieses Buch widme ich allen großartigen Großeltern. Deshalb gilt auch diese Danksagung in erster Linie ihnen: DANKE fürs Aufpassen und Beschützen, fürs Bücher-Vorlesen und Neue-Welten-Entdecken, fürs Gemüsegesichter-Schnitzen und Lieblingsessen-Kochen, fürs Trösten und Pusten, fürs Kuscheln und Umarmen, fürs Basteln und Malen, fürs Singen und Gemeinsam-mit-dem-Enkelkind-Tanzen, fürs Über-Pfützen- und manchmal Über-den-eigenen-Schatten-Springen, fürs Alte-Geschichten-Erzählen und Neue-Erinnerungen-Schaffen, fürs Warten unten an der Rutsche, für die lieben Zeilen in der Geburtstagskarte, fürs Ins-Bett-Bringen und Nachts-noch-mal-Zudecken, fürs Abholen aus dem Kindergarten und fürs Händchenhalten bei der Einschulung, für die Geheimnistuerei zur Weihnachtszeit, für die strahlenden Äuglein und das laute Kinderlachen und für so vieles mehr. Kurz: DANKE für all die glücklichen Enkelkinder.
Darüber hinaus gilt mein Dank all denjenigen, die an der Umsetzung dieses Buches beteiligt waren und es mit ihren Ideen und ihrer Expertise einfach besser gemacht haben. DANKE an Benjamin Bhatti, Andrea Wurz, Daniel Wöbke, Jürgen Busch, Claudia Hillmann, Frauke Poolman, Eva Gardé, Sue Legahn, Heiner Bäck, Corinna Bäck und Dr. Rüdiger Maas, dass sie dieses Buch mit ihren Texten

und Gedanken bereichert haben.

DANKE an alle Omas und Opas, die ihre persönlichen Gedanken und ehrlichen Erfahrungen zum Inhalt beigetragen haben.

DANKE an Art-Direktorin Anja Jung, die meinen Geschichten mit den passenden Illustrationen ein Gesicht gegeben und das ganze Buch in seine schöne grafische Form gebracht hat.

DANKE an meine Lektorin Nina Schnackenbeck, die immer ganz genau weiß, wann weniger mehr und kürzer besser ist, welche Gedanken man freudig ausbauen und welche dankbar verwerfen sollte und wie aus einer wilden Sammlung an Textideen ein rundes Gesamtkonzept wird. Liebe Nina, ohne dich wäre dieses Buch nicht halb so schön zu lesen.

DANKE an meinen Mann und meine Kinder, die auf rührende Weise die hektisch-gestresste Version ihrer Frau und Mutter ertragen haben, als der Abgabetermin des Manuskriptes näher rückte.

Und DANKE an Gabi und Julia für jeden Donnerstagabend. Ein ganz besonders großes DANKE gilt den Großeltern unserer Kinder: Verena, Corinna und Heiner — ohne die es dieses Buch gar nicht geben würde.

Und von Herzen gern richte ich stellvertretend ein letztes DANKE aus an Wilmas Oma Martina. Ich bin der festen Überzeugung: Im Himmel spürt man jedes liebe Wort, auch dieses.

Quellennachweise

[1] vgl. Bünning, Mareike; Ehrlich, Ulrike; Behaghel, Felix; Huxhold, Oliver für DZA 2021: dza aktuell deutscher alterssurvey, Heft 07/2021: Enkelbetreuung während der Corona-Pandemie, https://www.dza.de/fileadmin/dza/Dokumente/DZA_Aktuell/DZA-Aktuell_07_2021_Enkelbetreuung_final.pdf (11.5.2024)

[2] vgl. Spiegel Wirtschaft 2020: Jedes siebte Kind unter drei Jahren hat keinen Kitaplatz, https://www.spiegel.de/wirtschaft/soziales/kita-not-jedes-siebte-kind-unter-drei-jahren-hat-keinen-platz-a-4a3e0acc-b9d3-44b0-a845-1b53caa17d9d (9.8.2024)

[3] vgl. Studyflix, 2024, Bindungstheorie, https://studyflix.de/paedagogik-psychologie/bindungstheorie-7759 (11.5.2024)

[4] Wurz, Andrea 2022: Warum ein Kind mehrere Bezugspersonen braucht, https://www.andreawurz.com/warum-ein-kind-mehrere-bezugspersonen-braucht/ (11.5.2024)

[5] vgl. Malin, Lydia; Köppen, Robert 2023: KOFA Kompakt – Fachkräftemangel und Ausbildung im Handwerk, https://www.kofa.de/daten-und-fakten/studien/fachkraeftemangel-und-ausbildung-im-handwerk-2023/ (11.5.2024)

[6] Prof. Dr. Radach, Ralph, zitiert in: Lukaßen-Held, Daniela 2024: Die Macht der Gutenachtgeschichte, https://www.spektrum.de/news/vorlesen-warum-die-gutenacht-geschichte-wichtig-fuer-kinder-ist/2208679 (11.5.2024)

[7] vgl. Logan, Jessica; Justice, Laura; Yumus, Melike; Chaparro-Moreno, Leydi Johana 2019: When Children Are Not Read to at Home: The Million Word Gap, https://pubmed.ncbi.nlm.nih.gov/30908424/ (11.5.2024)

[8] Stiftung Lesen, Deutsche Bahn Stiftung und Die Zeit 2023: Vorlesen gestaltet Welten – heute und morgen, Vorlesemonitor 2023, https://www.vorlesetag.de/fileadmin/user_upload/Pressematerial/Vorlesemonitor2023_final.pdf (11.5.2024)

[9] vgl. Deutsche Bahn Stiftung 2020: Vorlesestudie 2020: Untersuchung erforscht Gründe für mangelndes Vorleseverhalten, https://www.deutschebahnstiftung.de/details/vorlesestudie-2020-untersuchung-erforscht-gruende-fuer-mangelndes-vorleseverhalten.html (11.5.2024)

[10] vgl. Stiftung Lesen, Deutsche Bahn Stiftung und Die Zeit 2016: Was wünschen sich Kinder?, Vorlesestudie 2016, https://www.stiftunglesen.de/fileadmin/Bilder/Forschung/Vorlesestudie/Vorlesestudie_2016.pdf (11.5.2024)

[11] Schröckert, Silke 2018: Eifersüchtig auf die „andere Oma"?, https://www.enkelkind.de/eifersuechtig-auf-die-andere-oma (11.5.2024)

[12] Legahn, Sue, zitiert in: Schröckert, Silke 2020: Großeltern gesucht: So werden Sie Babyschwimmlehrer/in!, www.enkelkind.de/grosseltern-gesucht-so-werden-sie-babyschwimmlehrer-in/ (11.5.2024)

[13] vgl. Zondervan-Zwijnenburg, Maria; Veldkamp, Sabine; Neumann, Alexander; Barzeva, Stefania et al. für Child Development 2020: Parental Age and Offspring Childhood Mental Health: A Multi-Cohort, Population-Based Investigation, https://pubmed.ncbi.nlm.nih.gov/31364163/ (11.5.2024)

[14] Hilbrand, S.; Coall, D. A.; Gerstorf, D.; Hertwig, R. 2016: Caregiving within and beyond the family is associated with lower mortality for the caregiver: A prospective study. Evolution and Human Behavior, http://dx.doi.org/10.1016/j.evolhumbehav.2016.11.010 (11.5.2024)

Foto: David Königsmann

Silke Schröckert, Jahrgang 1983, ist Moderatorin, Journalistin und zweifache Mutter.
Für Kinder hat sie schon geschrieben, bevor sie selbst welche hatte: Als Chefredakteurin eines Kinderzeitschriftenverlages füllte sie Hefte wie *Fix & Foxi* und *Conny* mit Inhalten. Heute schreibt Silke für die ganze Familie: Ihre Texte erscheinen in Kinder- und Comic-Magazinen, in Elternzeitschriften und auf Onlineportalen für Väter und Mütter.
2018 gründete sie das Großelternportal *Enkelkind.de*, das monatlich Zehntausende Leserinnen und Leser der Großelterngeneration erreicht.
Großeltern sind einfach großartig ist Silkes drittes Buch und das erste speziell für die Generation Großeltern.
Ihre ersten beiden Bücher, *101 Dinge, die in keinem Elternratgeber stehen* und *Bad Mom – Wie ich eine schlechte Mutter wurde, um die beste Mutter für meine Kinder zu sein*, sind bereits im Handel erhältlich.

DIE BÜCHER UNSERER ERFOLGS-AUTORIN SILKE SCHRÖCKERT!

EINFACH ABSOLUT EHRLICH

So fühlt sich das also an, plötzlich Mama (oder Papa) zu sein …

Nichts bringt es besser auf den Punkt als dieses Buch. Für alle (werdenden) Eltern der perfekte Lesestoff!

Ein echtes Mutmachbuch, das meistens brüllend komisch ist, manchmal emotional ernst – und immer absolut ehrlich.

ISBN: 978-3-9822992-2-8

BIN ICH EINE GUTE MUTTER?

Das haben wir Mamas uns alle schon einmal gefragt.

Die Antwort ist vermutlich: nein (zumindest nicht immer). Aber: Das macht nichts! Und hier kommt der Beweis.

„Dieses Buch ist eine Einladung dazu, unsere Elternschaft mit mehr Leichtigkeit zu nehmen und vermeintliche Fehltritte als das wahrzunehmen, was sie sind: Chancen. Zum Lernen, zum Verändern oder einfach zum Annehmen und Endlich-mal-locker-durch-die-Hose-Atmen." Maria Ehrich

ISBN: 978-3-910509-02-3

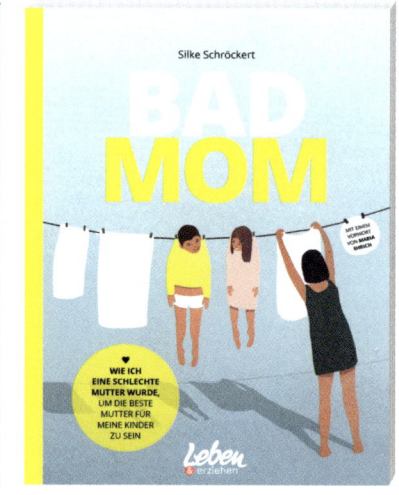